नुक्ताचीनी

ग़ज़लें

आसी यूसुफ़पुरी

अंजुमन प्रकाशन

Title : Nukthachini
Author : Aasee Yusufpuri

Published By-
Anjuman Prakashan
942, Mutthiganj, Prayagraj, 211003
www.anjumanpublication.com
anjumanprakashan@gmail.com

Printed and bound in India.
Hardcover, First published by Anjuman Prakashan in 2022
ISBN : 978-93-91531-69-0
Copyright © 2022 Aasee Yusufpuri
Printing rights reserved : Anjuman Prakashan 2022
Cover & Typeset by Anjuman Prakashan

समर्पण

अक्षरश: समर्पित

मेरे अग्रज

डॉक्टर सुजीत कुमार जी के नाम

आपके स्नेह और प्रोत्साहन ने मेरी लेखनी को
समय-समय पर एक नई गति और दिशा प्रदान किया है

हाले-दिल हम कह नहीं सकते किसी से
नाला-ओ-फ़रियाद पर है नुक्ता चीनी

नुक़्ता-ए-फ़िक्र लेकर आया हूँ

काश ! मिल जाए नुक़्ता दाँ कोई

मुसलमानों की चन्द मशहूर क़ब्रें एक अंग्रेज़ का मक़बरा कुछ मंदिर कुछ मूर्तियाँ कुछ टीले, खण्डर,शिलालेख और एक अदद अफ़ीम का कारख़ाना, यही है अब हमारे इस गुलाबों के प्राचीन नगर की ऐतिहासिक पहचान । इसी जनपद से वाबस्ता महज़ 20 किलो मीटर दूर पूरब में एक छोटा सा क़स्बा है यूसुफ़पुर -मुहम्मदाबाद "चूंकि दो ये अलग-अलग बस्तियाँ हैं मगर इनकी भौगोलिक सीमा रेखा एक दूसरे में ऐसी समाहित हैं कि आम लोगों को यह तय कर पाना मुश्किल है कि कौन सी बस्ती कहाँ से शुरू होती है। पाँच छः सौ साल पुराना यहीं एक छोटा सा ख़स्ता-हाल महल्ला आबाद है, नाम है "शैख़ टोला" जब कि इस महल्ले में कोई भी शैख़ बिरादरी का व्यक्ति नहीं रहता । इसी महल्ले के आरंभ में दक्षिण की तरफ़ तक़रीबन दो सौ साल पुराना दो कमरों वाले एक मिट्टी और खपरैल के जर्जर मकान में 25 नवम्बर 1973 ईस्वी को मेरी पैदाइश हुई। मेरी कुल चार फूफियां,दादा- दादी, चचा और मेरी एक बड़ी बहन व मेरे वालिदैन को लेकर मेरे अलावा उस वक़्त कुल दस अफ़राद पर मुश्तमिल दो कमरों वाले घर मे जगह की बेहद तंगी थी इस लिए अपनी माँ के साथ ज़ियादा तर मैं नई बाज़ार ज़िला बक्सर- "बिहार" में अपनी नानी के घर ही रहता था। नाना तो उसी दिन चल बसे थे जिस दिन मेरी पैदाइश की उन्हें ख़बर मिली थी। नानी का घर भी मिट्टी और खपरैल का ही था मेरी दादी के घर की तरह ही वहाँ भी कोई पक्का फ़र्श या छत नहीं थी मगर नानी के घर में चार पाँच कमरे थे सामने सहन और बाग़ीचा भी था मामा और ख़ाला के साथ खेलता, उन्हें तंग करता वहां पर मेरा ख़ूब मन लगता था यूसुफ़पुर आने की कभी सोचता भी नहीं था मगर ये दौर ज़ियादा लम्बा नही चला मेरे ज़रा होश संभालते ही जब मैं दस साल का हुआ मेरी पढ़ाई के लिए मेरे दादा जान ने मुझे मेरी माँ से अलग मुझे अपनी दादी के साथ रहने को मजबूर कर दिया घर में जगह की तंगी की वजह से मेरी माँ ज़ियादा तर मेरी नानी के यहां ही रहती थी। मेरे दादा मरहूम अब्दुस्सलाम 'जाहिल' यूसुफ़पुरी अपने ज़माने के साइकिल के मशहूर कारीगर के साथ -साथ हास्य व्यंग्य के बेहद लोकप्रिय शायर भी थे जिनके सानिध्य ने ही मुझे भी शायरी की तरफ़ मुतवज्जो ही

नहीं किया बल्कि साहित्य पथ पर चलने को अग्रसर भी किया।

जिस जनपद में मेरा जन्म हुआ है प्राचीन काल मे क्या था ये तो नहीं मालूम जहाँ तक सुना है मुग़लकाल में सालार मसऊद ग़ाज़ी के नाम पर मंसूब इस नगर का नाम ग़ाज़ीपुर पड़ा है। मूलतः ग़ाज़ी का अर्थ है बहादुर, शूरवीर, धर्म योद्धा इत्यादि। यहां के रहने वाले ज़ियादातर साहित्यिक वर्ग के लोग अपने नाम के आगे ग़ाज़ी या ग़ाज़ीपुरी लिखना बहुत पसन्द करते हैं। मुहम्मद अब्दुल अलीम 'आसी' ग़ाज़ीपुरी यहां के सूफ़ी शायरों में एक बड़ा नाम है मेरे दादा अब्दुस्सलाम 'जाहिल' यूसुफ़पुरी साहब सूफ़ियाना विचारधारा के शायर 'आसी' ग़ाज़ीपुरी के ख़ास चाहने वालों में एक थे, बल्कि ग़ाइबाना उनके मुरीद ही थे, जिन्हों ने सन 1990 में मेरा तख़ल्लुस (उपनाम) 'शरफ़' तत्पश्चात 'नवाज़' से बदल कर "आसी" कर दिया था, जिसका अर्थ है- आस रखने वाला, उम्मीदवार, दुःखित, ग़ामगीन, तबीब, हकीम इत्यादि।

क्यों कि मेरा आबाई नगर यूसुफ़पुर है इस लिए मैंने अपने नाम के आगे यूसुफ़पुरी जोड़ लिया है। यहां के लोग भी ग़ाज़ीपुरी के तर्ज़ पे ही अपने नाम के आगे यूसुफ़पुरी या मुहम्मदाबादी लिखना पसन्द करते हैं। यूसुफ़पुर का शाब्दिक भावार्थ है 'अत्यन्त सुंदर नगर' या 'सुंदर लोगों का नगर'।

यहां के मशहूर शायरों में बरतर मुहम्मदाबादी,आज़ाद मुहम्मदाबादी,शर्क़ी मुहम्मदाबादी, फ़ख्र मुहम्मदाबादी, शम्स मुहम्मदाबादी, व जाहिल यूसुफ़पुरी, रफ़ी यूसुफ़पुरी, ख़ाक यूसुफ़पुरी, अबुलैस यूसुफ़पुरी,नसर यूसुफ़पुरी, ख़ालिद यूसुफ़पुरी वग़ैरह दर्जनों नाम अदब की दुनिया मे मक़बूल आम रहे हैं। हज़रत आसी ग़ाज़ीपुरी के साथ ग़ाज़ीपुरी के लक़ब से भी बहुत सी शख़्सियतें मशहूर हुई हैं। मासूम रज़ा राही ग़ाज़ीपुरी, ख़ामोश ग़ाज़ीपुरी, कलीम ग़ाज़ीपुरी, ज़हीर ग़ाज़ीपुरी, अज़ीज़ ग़ाज़ीपुरी, रईस ग़ाज़ीपुरी, अब्बाद ग़ाज़ीपुरी, ज़फ़र ग़ाज़ीपुरी वग़ैरह वग़ैरह। अपने नाम के आगे अपने इलाक़े का नाम लगाने का यह सिलसिला यहाँ बदस्तूर आज भी जारी है जिसकी फ़ेहरिस्त सैकड़ों से आगे की है। शायरों और अदीबों के साथ-साथ यहां बहुत सी समाजी, सियासी,मज़हबी और दीगर हस्तियों ने भी जन्म लिया है जिनमे डाक्टर मुख़्तार अहमद अंसारी, स्वामी श्री सहजानंद सरस्वती जी,वीर अब्दुल हमीद, डाक्टर शिवपूजन राय, बैरिस्टर फ़रिदुल हक़ अंसारी,आसिफ़ अंसारी से लेकर हमारे भूतपूर्व उपराष्ट्र पति माननीय मुहम्मद हामिद अंसारी साहब का नाम ग़ाज़ीपुर के इतिहास में स्वर्णिम अक्षरों में दर्ज है।

सन 2010 के बाद ऑर्कुट और फ़ेसबुक के ज़रिये जो सोशल मीडिया का दौर आया और दोस्तों के दरमियान मैसेज का आदान प्रदान का सिलसिला

शुरू हुआ लोगों के बीच सलामो-पयाम के साथ-साथ ग़ज़ल, गीत, कविता, नज़्म इत्यादि के रूप में शायरों-कवियों की रचनाएं भी मोबाइल पर तेज़ी से दौड़ने लगी थीं।कवि या शायर जो समाज का दर्पण होता है यथा समय उतपन्न समस्यायों पर उसका क़लम न चले ऐसा तो सम्भव ही नहीं है। मेरे साथ भी ऐसा ही हुआ है, समय-समय पर देश और समाज मे कुछ न कुछ घटनाएं घटित होती रही हैं, समस्याएं उतपन्न होती रही हैं औरों की तरह उन समस्याओं और घटनाओं पर मैं भी अपने विचारों को अपने शे'र, क़ता, ग़ज़ल, गीत,नज़्म इत्यादि के माध्यम से अपने मित्रों में व्यक्त करता रहा हूँ। मेरी इन रचनाओं में पारिवारिक,सामाजिक और राजनीतिक हर तरह की समस्याओं व घटनाओं का ज़िक्र पसे-पर्दा किया गया है। सोशल मीडिया पर व्यक्त मेरी ये रचनाएँ किसी भी नज़रिए से पूर्णतः साहित्यिक कदापि नहीं हैं मगर इन रचनाओं को यूँ ही ज़ाया भी तो नहीं किया जा सकता है। सोशल मीडिया के मेरे बहुत से मित्रों का मुझे अक्सर ये सुझाव आता रहा है कि मैं अपनी इस फ़ेसबुकिया शायरी को भी अपनी दीगर किताबों की तरह ही एक किताब की शक्ल में संकलित कर के छपवा दूँ। मेरे इन्ही दोस्तों के बेहद इसरार पर आज मैंने अपनी इन छोटी-छोटी मामूली रचनाओं को संकलित करके एक पुस्तकाकार देने की जसारत की है चूँकि समय-समय पर कहे गए मेरे ये सम सामयिक अश'आर भावनात्मक तौर पर किसी के पक्ष या विपक्ष के हो सकते हैं मगर इस किताब को छापने का मेरा मक़सद किसी की भावनाओ को ठेस पहुँचाना हर्गिज़ नहीं है मेरी इस किताब "नुक्ता चीनी" में प्रकाशित मेरा कोई भी शेर या शब्द किसी व्यक्ति विशेष या वर्ग विशेष के लिए क़त्तई नहीं है एक व्यवस्था या सोच के ख़िलाफ़ हो सकता है। मेरी ग़ज़ल की कोई पंक्ति या शब्द के कारण अगर किसी के हृदय या भावना को ठेस पहुंचती है मैं उन पाठकों से सर झुका कर पहले ही क्षमा प्रार्थी हूँ।

यह ग़ज़ल संग्रह "नुक्ताचीनी" जो दो खंडों में विभक्त है "पहला सामयिक ग़ज़लें दूसरा रूमानी ग़ज़लें" अंजुमन प्रकाशन प्रयागराज से प्रकाशित होने वाला मेरा पहला ग़ज़ल संग्रह है। इससे पूर्व सन् 2000 ईस्वी में स्वतंत्र हिंदी कविता संकलन "मैं कवि हूँ " 2001 ई. में "कर्बो-बला", 2002 ई में "मुरक़्क़ा -ए-ग़म", 2005 ई में "परिन्दे-पूरब के", 2010 ई में "आदाबे-सुख़न", और 2014 ईस्वी में शेर और मुक्तक संग्रह " क़तरा- क़तरा दरिया" 2019 ईस्वी में ग़ज़ल संग्रह "रग-रग का लहू" और 2022 में "दीवाने -शोआराए -हिन्द" ततपश्चात "ख़ुशबू" (ग़ज़ल संग्रह सुमन यूसुफ़पुरी) तथा "नवाए-रफ़ी" (ग़ज़ल संग्रह रफ़ी यूसुफ़पुरी) की किताबों के सम्पादन के बाद मेरी यह नई किताब "नुक्ता चीनी" एक ग़ज़ल संग्रह के रूप में मेरी अपनी दूसरी पुस्तक होगी।

इस संग्रह का सारा श्रेय मेरे साहित्यिक परम् मित्र आदरणीय श्री वीनस

केशरी जी को जाता है जिनके लगातार प्रेरित और उत्साहित करते रहने की वजह से ही मैं इस पुस्तक को संकलित और प्रकाशित कराने के लिए ख़ुद को तैयार कर सका और आज यह किताब 'नुक्ता-चीनी' के रूप में आप सबके हाथों तक पहुंचा सका हूँ साथ ही मैं अपने साहित्यिक गुरु आदरणीय श्री आबिद सलेमपुरी साहब का भी सहृदय धन्यवाद अदा करता हूँ जिन्हों ने इस पुस्तक में सम्मलित मेरी ग़ज़लों की त्रुटियों को सँवारने और इस पुस्तक के सजाने में मेरा सहयोग किया है।

सरफ़राज़ अहमद आसी

पोस्ट-यूसुफ़पुर-मुहम्मदाबाद

ज़िला ग़ाज़ीपुर -उत्तर प्रदेश 233227

मोब. 790 515 6026

ahmedaasee786@gmail.Com

नुक्ता चीनी" पर ख़ुशा चीनी

मारूफ़ शाइर आसी यूसुफपुरी के ज़ेरे नज़र शेरी मजमूए "नुक्ता चीनी" का पूरा मुसव्वदा तबाअत से पहले मेरी नज़रों से गुज़र चुका है। यूँ तो उनकी निगहदाश्त और कोशिशों से बहुत सारी किताबें मंज़रे आम पर आ चुकी हैं लेकिन "रग - रग का लहू" के बाद ये उनका बाक़ायदा दूसरा शेरी मजमूआ है जो सन 2010 के बाद से अब तक फ़ेस बुक और दूसरे ज़राए के लिए कही गई ग़ज़लों का एक छोटा सा मजमूआ है जिसे दोस्तों के मुसलसल इसरार पर मंज़रे आम पर लाना पड़ा। गो उर्दू रस्मुल ख़त में आने वाला उनका पहला मुकम्मल शेरी मजमूआ "आमदो-आवुर्द" अभी तैयारियों के मरहले से गुज़र रहा है जिसमें मुख़्तलिफ़ इस्नाफ़े सुख़न पर कहे गए उनके हर क़िस्म के कलाम शामिल हैं और जिसमें आसी के कलाम का हर रंग नज़र आता है

गुज़िश्ता दस बारह साल पहले का अर्सा आज़ादिये हिन्द के बाद पहली बार इंतहाई पुर आशूब रहा। मज़हबी और फ़िक्र्क़ा वाराना तसादुम, रोज़गार की कमी, बेकारी, समाजी और सियासी नाइस्तहकामी ने अवामुन्नास के दिलों पर गहरा असर डाला। लोग ख़ौफ़ो दहशत के साये में जीने को मजबूर हो गए और ये सिलसिला अब तक जारी है। ऐसे में रही सही कसर कोरोना की मोहलिक वबा ने पूरी कर दी। फ़नकार और क़लमकार इन ना मुसाइद हालात के ख़िलाफ़ आवाज़ बुलंद करने में पीछे नहीं रहे तो आसी ख़ुद को कैसे अलग रख सकते थे। आसी का ज़ेह्नी और क़ल्बी इंतशार फ़ौरी तौर से ज़ाहिर होने के लिए ग़ज़लों की सूरत में फ़ेसबुक और दूसरे अदबी मंज़र नामों पर नमूदार होता रहा जिसे अब हम "नुक्ता चीनी" के नाम से जानते हैं।

इस मजमूए में समाजी और रूमानी, दो हिस्सों पर मुनक़्क़सम ग़ज़लें देखने को मिलती हैं मगर उन सबका मरकज़ी मौज़ूअ एक ही जैसा है क्योंकि ये फ़िक्रो तख़य्युल से क़तए नज़र जज़्बात की सदाक़त के साथ हालात से मुतास्सिर होकर कही गई हैं इस लिए इन में रंगीनी और लताफ़त को तलाश करना बेमानी है।

इस मजमूए की इशाअत के लिए आसी यूसुफ़पुरी को दिली मुबारकबाद देता हूं ।मुझे उम्मीद है उनका ये मजमूआ भी गुज़िश्ता मजमूए की तरह हाथों हाथ लिया जाएगा और उन शोअरा को भी तबाअत का हौसला देगा जिनकी अभी तक कोई किताब नहीं आ सकी है ।

आबिद सलेमपुरी

(पूर्व प्रधानाचार्य)

ए ओ एम आई कालेज, वाराणसी

मो 9838313715

'आसी यूसुफ़पुरी' एक तासीर...

कहते हैं कि ज़बान ज़िन्दगी के इर्तिक़ाई सफ़र की तारीख़ मुरत्तब करने में एक अहम् किरदार अदा करती है ख़ास कर वो ज़बान जो मुआशरे में रू-नुमा होने वाली तब्दीलियों को जज़्ब करने की सलाहियत रखती हो.. वो ज़बान जो अपने सामने किसी पर हो रहे ज़ुल्म पर ख़ामोशी इख़्तियार कर ले और क़लम ख़ून के आँसू ना रो पड़े उसे किसी कमज़र्फ़ के अहसान से बदतर माना जाये तो ज़ियादह बेहतर रहेगा... बक़ौल मिर्ज़ा ग़ालिब किसी के कलाम पर तब्सिरा करने वाला मुसन्निफ़ का हिमायती या तरफ़दार ना हो बल्कि कोई अदीब या ऐसा कोई शख़्स हो जो कलाम के ख़ालिक़ से ना-वाक़िफ़ हो.. मेरी वाक़फ़ियत चंद महीने क़ब्ल ही आसी यूसुफ़पुरी साहब से हुयी और इस कम अरसे में ही उनकी शायरी में मौजूद अन-छुए पहलु, जिद्दत के अनोखे रंग और परवाज़े तख़्य्युल ने मुझे उनके मद्दाह की सफ़ में ला खड़ा किया...ऐसे बहुत कम मोतबर शायर इस अह्द में नज़र आते है जिन्होंने हर दौर के दिल-ओ-दिमाग़ पर अपनी इन्फ़िरादियत के नुक़ूश छोड़े हैं. आसी साहब की फ़िक्र शिकस्त-ओ-रेख़्त के जिन मरहलों से गुज़री है वो शाइर की शख़्सियत को तराशने और निखारने में बहुत हद तक काम आते है जिसका अंदाज़ा आप आसी साहब के इन शेरों से बख़ूबी लगा सकते हैं..

कलश मन्दिर का टूटे या गिरें मस्जिद की मीनारें
हया से चेहरा ए इंसानियत ही ज़र्द होता है

कभी दिल में बसा कर तुम मुझे महसूस कर लेना
तुम्हारी धड़कनों में मेरे एहसासात बोलेंगे

ग़फ़लतों की नींद में सोये हैं, बेदारी के साथ
ज़ेहनो-दिल से हम सभी बीमार, अच्छे दिन के हैं

दरअस्ल आप की शायरी संजीदगी, दयानतदारी और अहसास-ए-ज़िम्मेदारी की ग़म्माज़ नज़र आती है. मुझे उम्मीद ही नहीं बल्कि कामिल यक़ीन है कि अगर आसी साहब का अदबी सफ़र क़ाइम-ओ-दाइम रहा तो वो हमारे शेअरी मंज़र नामे में अपना एक मुंफ़रीद मक़ाम बनाने में ज़रूर कामयाब हो जायेंगे.. जिसके शाहिद आप के ये शेर हैं.

यूँ तो मैदान का ग़ाज़ी है जवाँ ख़ूब है तू
मर्दे-आहन है मगर वक़्त से मर'ऊब है तू

सच तो ये है कि तिरी जीत का परचम है बुलंद
कम नज़र लोग समझते हैं कि मग़लूब है तू

आसी साहब ने यूँ तो शायरी की हर असनाफ़ में तबअ आज़माई की है जैसे हम्द, नात, मंक़बत, रुबायी, क़ितआ, नज़्म, क़सीदा, गीत लेकिन अगर मैं कहूँ की ग़ज़ल और हिन्दी कविता में आसी साहब को अव्वलियत हासिल है तो कुछ ग़लत ना होगा.. इसके साथ ही आप ने ग़ालिब पर जितना काम किया वो शायद ही उनके हम-अस्र साथियों में से किसी ने किया हो और इसका अक्स कहीं ना कहीं आसी साहब की शायरी में भी साफ़ नज़र आता है...

जा-ब-जा मौत का जलवा है,तमाशा क्या है
या ख़ुदा देख तेरी सूरते-दुनिया क्या है

ज़ालिम ब-कफ़ है नेज़ा-ओ तलवार या ख़ुदा
मज़लूम पर है किस लिए यलग़ार या ख़ुदा

मुझे उम्मीद है ऐसे बा-कमाल शायर को शर्फ़-ए-क़बूलियत ज़रूर हासिल होगा. मेरी नेक तमन्नायें और दुआएँ अपने अज़ीज़ दोस्त बड़े भाई आसी यूसुफ़पुरी साहब के लिए हैं की ये मजमुआ (नुक्ता चीनी) मक़बूलियत की बुलंदी तक पहुँचे... आमीन...

लकी फ़ारूक़ी "हसरत"
मुज़फ़्फ़र नगर
मो.- 753 680 9688

शे'रो-अदब की दुनिया का दरवेश...
आसी यूसुफ़पुरी

जब मैं अह्द ए हाज़िर के मशहूर व मा'रुफ़ शा'ईर जनाब 'आसी' यूसुफ़पुरी साहब को शे'र व अदब की दुनिया का दरवेश कहता हूँ तो ज़र्रा बराबर भी मुबालग़ा आराई से काम नहीं लेता,जब से मैं 'आसी' यूसुफ़पुरी साहब को जानता हूँ तभी से मुझे उनकी शा'ईरी और शख़्सियत में एक सच्चा दरवेश नज़र आता है।अपनी शा'ईरी और शख़्सियत में बेपनाह बुलंदियाँ रखने वाला इंसान जब ख़ुद को ज़मीन से जोड़े रखता है और बग़ैर किसी मफ़ाद के अपने हम अस्र शो'अरा को मंज़र-ए-आम पर लाने के लिए दिन-रात कोशां रहता है तो यह बात यक़ीनी है कि वह शख़्स दरवेशाना सिफ़त का हामिल है ।

'आसी' यूसुफ़पुरी साहब की शा'ईरी में फ़न की फ़रावानी , तख़य्युल का वसीअ दायरा और आसमान के बजाए ज़मीन से जुड़े मौज़ुआत पर शा'ईरी करने का हुनर उन्हें अपने हम अस्र शो'अरा से मुम्ताज़ बनाता है,वक़्त की नब्ज़ को समझने की ख़ुदादाद सलाहियत और हक़्क़ बात बग़ैर लाग- लपेट के कहने की हिम्मत उनकी शा'ईरी को मुनफ़रिद बनाती है और जब वह अह्द-ए-हाज़िर के मोआशराती अमराज़ पर नुक़्ताचीनी करते हैं तो ऐसा लगता है कि वह शा'ईरी का हक़्क़ अदा कर रहे हैं और उनका मक़सद महज़ नुक़्ताचीनी नहीं बल्कि उन ख़ामियों को दूर कर एक पुर अम्न और इंसाफ़ पर मबनी मुआशरे की ता'मीर है ।

चंद अशआर देखिए...

कौन सी तहज़ीब है ये नस्ल-ए-नौ की
अपने ही अजदाद पर है नुक्ता चीनी

करने लगा है रंग-ए-लहू में यह इम्तियाज़
इंसाँ हुआ है ज़ेह्न से बीमार, या ख़ुदा

'आसी' यूसुफ़पुरी साहब की शा'ईरी का ज़यादातर हिस्सा आम बोल-चाल

की ज़बान में है जो हर ख़्वास-व-आम के दिल में उतरने का माद्दा रखती है। इस बुनियाद पर इनके अश'आर मुहावरों में तब्दील होने की सलाहियत रखते हैं..

उतरती धूप का यह मौजज़ा है
शजर छोटा मगर साया बड़ा है

'आसी' यूसुफ़पुरी साहब की शा'इरी ख़ालिस हिंदुस्तानी शा'इरी है जिसमें मिट्टी की ख़ुशबू भी है, सर्द पड़ते रवादारी के जज़्बों का नौहा भी है, आंगन में उठती दीवारों का दर्द भी है, सूखते हुए तालाब और परिंदों की वेदना भी है लेकिन इन सबके के बीच हालात को बेहतर करने का जज़्बा और ज़िंदगी जीने का हौसला भी है।

हिम्मत ही तेरी खींच के लाई है किनारे
वर्ना ये फ़क़त तिनका सहारा तो नहीं है

हौसलों में वह 'हमीदी' रंग हो
देखकर जिसको ज़माना दंग हो

यहाँ दूसरे शे'र के मिसरा अव्वल में 'हमीदी रंग' का मुराद परमवीर चक्र विजेता वीर अब्दुल हमीद के वतन परस्ती और क़ौमी जज़्बे से है।

कभी देखा नहीं मैंने उतरती धूप का मंज़र
मेरे घर में भी हो, छोटा सा एक आंगन ज़रूरी है

हिस्सा लगा जो घर का ही नक़्शा पलट गया
आंगन में एक पेड़ था सो वह भी कट गया

उतरा नहीं है कोई परिंदे का क़ाफ़िला
बस्ती में एक तालाब था सो वो भी पट गया

'नुक्ता चीनी' के अशआर पढ़ते हुए ऐसा महसूस होता है जैसे कोई माहिर जर्राह मुआशरे के ज़ख़्मों पर अपने अशआर के नश्तर चला रहा है ताकि उन ज़ख़्मों का इलाज हो सके।

चंद अशआर और देखें...

अब तो ख़िलाफ़ ए ज़ुल्म ज़ुबां खोलिये मियां
ये वक़्त बोलने का है कुछ बोलिये मियाँ

सुना है चांद पे बस्ती बसाई जाएगी
ज़मीन बेच के तुम,आसमान मत लेना

शे'र-व-अदब की दुनिया 'आसी' यूसुफ़पुरी साहब की एहसानमंद है कि बेहद मसरूफ़ियत और रोज़ की जद्दोजहद भरी ज़िंदगी जीने के बावजूद वह शे'र-व-अदब की ख़िदमत के लिए इतना वक़्त निकाल लेते हैं। उनके इस जज़्बे के लिए दिल से दुआ निकलती है। मुझे उम्मीद ही नहीं यक़ीन-ए-कामिल भी है कि 'आसी' यूसुफ़पुरी साहब की यह किताब "नुक्ता-चीनी" न सिर्फ़ बेहद मक़बूल होगी बल्कि मुआशरे में मुसबत तब्दीलियाँ लाने के अपने मक़सद में कामयाब भी होगी।

मासूम राशदी
बेगुसराय, बिहार
स. अधीक्षक डाकघर
वाराणसी उत्तर प्रदेश
मोबाइल- 951 746 8358

मुश्तरका तहज़ीब का शायर – 'आसी यूसुफ़पुरी'

आसी यूसुफ़पुरी साहब को मैं तक़रीबन 2014 ईस्वी से ही जानता हूँ जब उनका नवीन संग्रह "क़तरा-क़तरा दरिया" प्रकाशित होने जा रहा था। मुझ ख़ाकसार से आपने मजमूआ के लिए दो लफ़्ज़ लिखने की फ़रमाइश की थी। उस किताब के लिए मैं ख़ुद कुछ लिखना भी चाह रहा था मेरे लिए ये सौभाग्य की बात थी कि आसी साहब की किताब के लिए अपना इज़हारे ख़याल पेश करूँ मगर उन दिनों किन्हीं मसरूफ़ियात की वजह से मेरे लिखने में काफ़ी ताख़ीर हो गयी थी, तब तक आसी साहब के मताल्आ, मक़ातीअ, अश्आर, क़त्आत और दोहों पर मबनी मजमूआ "क़तरा-क़तरा दरिया" मन्ज़रे आम पे आ चुका था।

आसी साहब मुझे अपना बड़ा भाई सरीखा सम्मान देते हैं जो मेरे लिए बेहद फ़ख्र की बात है बहुत हद तक वो मेरी शायरी से प्रभावित भी दिखते हैं और मैं भी उनकी शायरी का दिल से क़ाइल हूँ बल्कि यूँ कह लें हम दोनों ही अदबी दुनिया मे एक दूसरे से काफ़ी हद तक मुतासिर हैं।आसी साहब एक उम्दा शायर के साथ-साथ कई किताबों के मुसन्निफ़ और सम्पादक भी हैं साथ ही कई अदबी और सामाजी इदारों से मुंसलिक हैं। एक साथ इतनी ज़िम्मेदारियाँ ब-यक-वक़्त निभाना अपने आप मे एक कमाल है। ज़ाहिर है जो शख़्स अदब और समाज से इस दर्जा जुड़ा हो उसे ज़िन्दगी के हर पेंचों-ख़म का अंदाज़ा भी ज़रूर होगा।आसी यूसुफ़पुरी अपने अदबी सफ़र में जिन रास्तों से होकर गुज़रे हैं उन रास्तों के फूलों की ख़ुशबू से बख़ूबी वाक़िफ़ भले न हों मगर उन रास्ते के ख़ारों से उनकी गहरी दोस्ती है, ख़ारों के मिज़ाज से वाक़फ़ियत ही उनकी इस तख़्लीक़ का हिस्सा है।

"नुक्ता चीनी" सरफ़राज़ अहमद आसी यूसुफ़पुरी का ताज़ा मजमुआ है जो उनकी समसामयिक ग़ज़लों पर आधारित मौजूदा हालात का एक आईना है। आसी यूसुफ़पुरी ने इस मजमुए मे अपनी ग़ज़लों को दो हिस्सों में बांट रखा है पहला समसामयिक ग़ज़लें, दूसरा रुमानी ग़ज़लें। मैं जहां तक आसी यूसुफ़पुरी को जानता हूँ वो किसी एक या दो अंदाज़ की ग़ज़लों का शायर नहीं है बल्कि शायरी

के मैदान में हरफ़नमौला क़लमकार है। उनकी ग़ज़लों के भंडार में केवल उर्दू की ही नहीं बल्कि ख़ालिस हिंदी शब्दावली और भोजपुरी भाषा की भी ग़ज़लें मौजूद हैं साथ ही हम्द, नात, मनक़बत, नौहा,सेहरा,विदाई ,गीत, कविता, भजन, नज़्म, मुक्तक,और दोहे वग़ैरह भी शामिल हैं।

इसमे कोई शक नहीं है कि शायर बेहद हस्सास होता है, इसीलिए उसके आसपास होने वाली घटनाओं, दुर्घटनाओं, नाहमवारियों,विसंगतियों, विडम्बनाओं का असर उसके ज़हनों-दिल पर आम लोगों के मुकाबले कहीं ज़ियादा होता है। समाज में फैली बुराइयों को, विरोधाभास को एक शायर ,कवि दूर कर पाने में भले असमर्थ हो मगर अपनी तख़लीक़ के ज़रिए अवाम को बेदार और सचेत करने में कोई कसर नहीं छोड़ता है। 'नुक्ताचीनी' में ऐसे अश'आर आपको हर ग़ज़ल में देखने और पढ़ने को मिल जाएंगे जो मेरी इस तहरीर की सच्चाई का ख़ुलासा करते दिखेंगे। मसलन ये दो शे'र देखें-

बहाए जो लहू इंसाँ का, दहशत गर्द होता है
किसी मज़हब का हो वो आदमी, नामर्द होता है

ऐ पासबाने -अम्न उठो वक़्त है अभी
अपने वतन की वरना हिफ़ाज़त करेगा कौन

शायर ने हाकिमे-वक़्त के मिज़ाज को अपने शे'र में कितनी बेबाकी और ख़ूबसूरती से ढाला है ये शे'र देखें-

मौसमों की तर्ज़ पे तेरा बदलता है मिज़ाज
हम तेरे ज़ुल्मो-सितम के अब तो आदी हो गए

शायर का ज़ेहन एक तरफ़ ज़ुल्मो-सितम का आदी होना तस्लीम करता है तो वहीं अवाम को ललकारता भी है कि उठो मुल्क की हिफ़ाज़त के लिए बेदार हो जाओ। किसी भी कामयाब ग़ज़ल की यही ख़ूबी है कि उसके हर शेर में कोई न कोई मुन्फ़रिद ख़याल गुँथा हुआ हो जो पाठक के दिल मे उतर कर अपना

मुक़ाम बना ले । आसी यूसुफ़पुरी का मजमूआ 'नुक्ताचीनी' शब्द और भाव दोनो ही लिहाज़ से सराहनीय और संग्रहणीय है। उम्मीद है छोटे भाई आसी यूसुफ़पुरी साहब के इस मजमुए का हर ख़ास-ओ-आम में इस्तेक़बाल होगा।

अतुल अजनबी

ग्वालियर- मध्य प्रदेश

मोबाइल- 942 533 9940

अनुक्रमांक

रूमानी ग़ज़लें 76

समसामयिक ग़ज़लें

सिर्फ़ अल्फ़ाज़े-मुहब्बत से है रिश्ता मेरा
मुझको हिंदी पे, न उर्दू पे ग़ज़ल कहनी है

1

अब किसी की याद पर है नुक्ता चीनी
इस दिले-बेदाद पर है नुक्ता चीनी

कौन सी तहज़ीब है ये नस्ले-नव की
अपने ही अजदाद पर है नुक्ता चीनी

जब मुक़द्दर में नहीं अपने रिहाई
किस लिये सैयाद पर है नुक्ता चीनी

हाले-दिल हम कह नहीं सकते किसी से
नाला -ओ-फ़रियाद पर है नुक्ता चीनी

आप ने दी जान 'आसी' इस वतन पर
आप की औलाद पर है नुक्ता चीनी

2

गुल पे, रंगत पे, न ख़ुशबू पे ग़ज़ल कहनी है
एक मज़लूम के आँसू पे ग़ज़ल कहनी है

सिर्फ़ अल्फ़ाज़े-मुहब्बत से है रिश्ता मेरा
मुझको हिंदी पे, न उर्दू पे ग़ज़ल कहनी है

ये मुहब्बत का तक़ाज़ा है चलो अहद करें
हर मुसलमान को हिन्दू पे ग़ज़ल कहनी है

ज़ह्र का जाम मिरे नाम तू कर दे साक़ी
मुझको सुक़रातो-अरस्तू पे ग़ज़ल कहनी है

मीरो-रसख़ान हों, तुलसी हों, कबीरो-आसीं'
मन के सच्चे सभी साधू पे ग़ज़ल कहनी है

3

किस क़दर वक़्त है नाकाम, कोई बात न कर
वरना हो जाएगा बदनाम, कोई बात न कर

हैं तेरे दम से ही गुलशन में बहारें क़ायम
और तिरे हक़ में हैं आलाम, कोई बात न कर

एक परवाना तड़पता रहा जो सुब्ह तलक
क्यों बुझी शम्आ सरे-शाम, कोई बात न कर

तू है मयकश कि फ़क़त जाम उठा प्यास बुझा
है जो मयख़ाने में हँगाम, कोई बात न कर

जा-ब-जा अम्न का परचम है नुमायाँ "आसी"
हर तरफ़ शहर में कुहराम, कोई बात न कर

4

बहाये जो लहू इन्साँ का, दहशतगर्द होता है
किसी मज़हब का हो वह आदमी,नामर्द होता है

कलश मन्दिर का टूटे या गिरें मस्जिद की मीनारें
हया से चेहरा ए इंसानियत ही ज़र्द होता है

लुटाई हैं कई नस्लें वतन से इश्क़ है हमको
कि जिसकी जान जाती है उसी को दर्द होता है

हमेशा आईने पर क्यों हमारे दाग़ दिखते हैं
हमेशा आपका चेहरा ही क्यों बे-गर्द होता है

वतन के वास्ते 'आसी' हरारत चाहिए खूँ में
वतन ख़तरे में होता है, लहू जब सर्द होता है

5

हिन्दोस्ताँ की ख़ातिरो-ख़िदमत करेगा कौन
करना है फ़ैसला ये, हुकूमत करेगा कौन

ऐ पासबाने-अम्न उठो वक़्त है अभी
अपने वतन की वरना हिफ़ाज़त करेगा कौन

मुंसिफ़ ने कर लिया है जो सौदा ज़मीर का
मज़लूम बेबसों की अदालत करेगा कौन

सच बोलना भी जुर्म है इस अंजुमन में दोस्त
सच बोलने की बज़्म में जुअ्त करेगा कौन

'आसी' अगर न मिट सका आपस का इंतिशार
रौशन यहां चराग़े-मुहब्बत करेगा कौन

6

यक़ीनन एक ना इक दिन सभी सच बात बोलेंगे
ख़िलाफ़े-ज़ुल्म इक होकर ये अख़बारात बोलेंगे

ये तन्हाई, ये रुसवाई, ये आंसू, रन्ज और नाले
तुम्हारी बे वफ़ाई की इन्हें सौग़ात बोलेंगे

कभी दिल में बसा कर तुम मुझे महसूस कर लेना
तुम्हारी धड़कनों में मेरे एहसासात बोलेंगे

ख़मोशी ओढ़ कर बैठा रहूँगा हश्र में फिर भी
मिरे सर पर लगे हैं ख़ुद ही इल्ज़ामात बोलेंगे

क़लम तेरा उठेगा जब भी 'आसी' हक़ बयानी पर
तिरे अशआर में पोशीदा महसूसात बोलेंगे

7

अपना हक़ जब माँगने निकले फ़सादी हो गये
दिल निछावर कर दिए तो लव-जेहादी हो गये

मौसमों की तर्ज़ पे तेरा बदलता है मिज़ाज
हम तिरे ज़ुल्मो-सितम के अब तो आदी हो गये

अच्छे दिन आएंगे फिर बस्ती में हमको था यक़ीं
पर तेरे वादे सभी बे ए'तिमादी हो गये

ये सितम भी कम नही अहले -अना के वास्ते
अपनी बर्बादी के हम ख़ुद ही मुनादी हो गये

दिन ब दिन बढ़ती गयीं ' आसी' हमारी रंजिशें
मस'अले दैरो-हरम के इन्फ़िरादी हो गये

8

ख़ून जायेगा हमारा रायगाँ ये कब तलक
सब्र का देते रहेंगे इम्तिहाँ ये कब तलक

हम जलाएँ शम'-ए-अम्नो-मुहब्बत इस तरफ़
और उधर से ज़ुल्मतों की आँधियाँ, ये कब तलक

सोचते हैं कब उठेगा अब हमारा भी क़दम
पस्त होंगे दुश्मने-हिन्दोस्ताँ ये कब तलक

मुल्क का हर इक जवाँ ये पूछता है बार-बार
चुप रहेंगे अब वतन के पासबाँ ये, कब तलक

कब उतारेंगे शहीदों के लहू का क़र्ज़ हम
दिल हमारा होगा 'आसी' शादमाँ ये कब तलक

9

ज़ालिम ब-कफ़ है नेज़ा-ओ तलवार या ख़ुदा
मज़लूम पर है किस लिए यलग़ार या ख़ुदा

मुमकिन है,बंट न जाये वतन,दो दिलों के बीच
नफ़रत की उठ रही है जो दीवार या ख़ुदा

हर सू लहू-लहू का है मन्ज़र निगाह में
अच्छे नहीं हैं मुल्क के आसार या ख़ुदा

करने लगा है रंगे-लहू में ये इम्तियाज़
इन्साँ हुआ है ज़ेहन से बीमार या ख़ुदा

ग़फ़लत की नींद में अभी सोया है चैन से
'आसी' हमारी क़ौम का सालार या ख़ुदा

अब तो ख़िलाफ़े-ज़ुल्म ज़ुबाँ खोलिए मियाँ
ये वक़्त बोलने का है कुछ बोलिए मियाँ

अब हो सके तो नींद से ग़फ़लत की जागिए
दिन चढ़ चुका है,आप बहुत सो लिए मियाँ

बदले में हम ने आपको क्या क्या नहीं दिया
अहसान हमने आपके जो, जो लिए मियाँ

यूँ ही बरस रहा है लहू आसमान, से
अब तो फ़िज़ा में ज़हर को मत घोलिए मियाँ

हम किस क़दर अजीब हैं 'आसी' ग़रीब लोग
ख़ुद आप रो लिये कभी ख़ुश हो लिए मियाँ

11

हो रहे बदलाव जो भी यार, अच्छे दिन के हैं
अब हमारे मुल्क में आसार, अच्छे दिन के हैं

ग़ाफ़लतों की नींद में सोये हैं, बेदारी के साथ
ज़ेहनो-दिल से हम सभी बीमार,अच्छे दिन के हैं

मत इन्हें छीनो ग़रीबों से ख़ुदा के वास्ते
ज़िन्दगी में दिन फ़क़त दो चार,अच्छे दिन के हैं

कल मयस्सर हो न हो यारो हमें ये मौत भी
आओ चढ़ जाएँ ख़ुशी से, दार अच्छे दिन के हैं

कोई भी लाये ग़रज़ इससे हमे कुछ भी नही
हम तो 'आसी' दिल से जानिबदार अच्छे दिन के हैं

न हम ईरान वाले हैं न पाकिस्तान वाले हैं
इसी मिट्टी में हम जन्मे, इसी धरती के पाले हैं

नज़र में हम उन्ही लोगों की दहशतगर्द भी ठहरे
वो जिनके हाथ में तलवार है त्रिशूल,भाले हैं

यही एक दोग़ली तहज़ीब जो अच्छी नहीं लगती
हमे सूखी हुई रोटी तुम्हारे तर निवाले हैं

गवारा कर नहीं सकते कभी ख़ैरात की रोटी
हमारे बे-ज़ुबाँ बच्चों के भी हाथों में छाले हैं

हमारी आँख में रहते हैं 'आसी' सैकड़ों जुगनूँ
हमारी आँख से देखो उजाले ही उजाले हैं

नुक्ताचीनी

वो चाहे जिस तरफ़ भी कैमरा अपना घुमाते हैं
ज़माने को फ़क़त चेहरा हमारा ही दिखाते हैं

पुजारी शरपसन्दी के तो हैं दोनो तरफ़ लेकिन
हमारे ही घरों पर क्यों वो बुलडोजर चलाते हैं

वो दिल मे लेकर बैठे हैं फ़क़त जज़्बा अदावत का
हमारा फ़र्ज़ है, रिश्ता मुहब्बत का निभाते हैं

अजब रस्मे- ज़माना है, अजब दस्तूरे- दुनिया है
जिन्हें हम प्यार करते हैं उन्ही से चोट खाते हैं

मुहब्बत से गले मिलते हैं वो हमसे मगर आसी
हमारी पीठ पे ख़ंजर भी अक्सर आज़माते हैं

14

इक तरफ़ तो सच को भी सच बोलना दुश्वार है
इक तरफ़ कुछ भी कहो आज़ादिए-इज़्हार है

कह दो उतरें अब परिंदे भी फ़लक से देखकर
सहन मस्जिद का है या फिर दैर की दीवार है

बिक रहे हैं देवता भी पत्थरों के भाव में
किस क़दर ये आदमी अब ज़हन से बीमार है

ग़ैर-जानिबदार होने का तो दावा है मगर
देखिये जिस जा तअस्सुब से भरा अख़बार है

तूने अच्छा ही किया 'आसी' ये दुनिया छोड़कर
दर हक़ीक़त ज़िन्दगी इक दर्द का बाज़ार है

  नुक्ताचीनी

15

जाने क्यों मुझको ये लगता है हवा झूटी है
हर तरफ़ फैली हुई है जो वबा झूटी है

मैंने हर साँस तिरे नाम निछावर कर दी
ज़िन्दगी तुझसे ही जाना ये वफ़ा झूटी है

हर नफ़स मैंने इसे रंग बदलते देखा
ये जो दुनिया है तिरी, मेरे ख़ुदा झूटी है

धड़कनों पर कभी करना न भरोसा हर्गिज़
दिल से आती है जो रह-रह के सदा झूटी है

तेरे अमराज़ का हो ख़ाक मदावा 'आसी'
चारा साज़ी है यहाँ झूटी, दवा झूटी है

मुख़्तलिफ़ सारे ज़माने से तिरा हर तौर है
दिल से तू कुछ और है,पर ज़हन से कुछ और है

कैसे बदलेगा भला अहले सियासत का मिज़ाज
जब तलक अपने वतन में ख़ामुशी का दौर है

नित नया चेहरा बदल कर सामने आता है तू
तुझ में कोई और है, या तू ही कोई और है

ख़्वाब तेरे, मेरे सपने एक हो सकते नहीं
मैं फ़िदाए-हिन्द हूँ, तू आशिक़े-लाहौर है

कौन है जो सर उठाये इस हुकूमत के ख़िलाफ़
मस'अला ये भी तो "आसी" आज ज़ेरे-ग़ौर है

नुक्ताचीनी

लगी है वतन में सियासत की आग
बुझा दो, बुझा दो ये नफ़रत की आग

कभी दैरो-मस्जिद कभी चर्च पर
बरसती है यारो अदावत की आग

निगाहों में भर आये शोलों के रंग
तेरा हुस्न है या क़यामत की आग

बुझाएगा क्या अब ये तूफ़ान भी
लगी है जो दिल में मुहब्बत की आग

ये डर है कि 'आसी' अना को मेरी
कहीं ख़ाक कर दे न ग़ुरबत की आग

वो अपने लोगों को यूँ बे-लगाम कर देगा
उठेगा कोई भी और क़त्ल-ए-'आम कर देगा

जो उठ रहा है अदावत की आंधियों का ग़ुबार
ज़रूर प्यार का क़िस्सा तमाम कर देगा

उठो कि छीन लो उस शख़्स से निज़ामे-अमल
हमारी नस्लों को वरना ग़ुलाम कर देगा

हम अपने दर्द के नग़मे सुना रहे हैं जिसे
बहुत करेगा कोई ख़ुशकलाम कर देगा

उसे है 'आसी' हमारी उख़ुव्वतों से गुरेज़
हमारा आपका जीना हराम कर देगा

क्या यूपी, गुजरात किसी से क्या कहिए
एक से हैं हालात किसी से क्या कहिए

दिन में ही जब लूट लिया रखवालों ने
सर पे खड़ी है रात किसी से क्या कहिए

जिसकी ख़ातिर जीत की हमने की है दुआ
उसी से खायी मात किसी से क्या कहिए

गैरों से मोहतात रहे हैं हम लेकिन
अपनो ने की घात किसी से क्या कहिए

सबके चेहरे पर है इक चेहरा 'आसी'
दिल की अपनी बात किसी से क्या कहिए

यूँ तो मैदान का ग़ाज़ी है जवाँ ख़ूब है तू
मर्दे-आहन है मगर वक़्त से मर'ऊब है तू

सच तो ये है कि तिरी जीत का परचम है बुलंद
कम नज़र लोग समझते हैं कि मग़लूब है तू

तिरे आमाल से दुनिया में है पहचान तिरी
दह्र में अद्लो-मसावात से मंसूब है तू

ज़ुल्म सहना तेरा शेवा, तिरा ईमान नहीं
वक़्त के साथ मगर साबिरो-अय्यूब है तू

तेरा किरदार बदल जाये तो बेशक 'आसी'
आज भी जान कि हर क़ौम से महबूब है तू

मोर्चा अब जंग का तैयार होना चाहिए
वक़्त की आवाज़ है यलग़ार होना चाहिए

है ज़रूरी मुल्क में अम्नो -अमाँ के वास्ते
दहशतों का शह अब मिस्मार होना चाहिए

जब वतन की आबरू ख़तरे में आ जाये कभी
दिल में अपने जज़्बाए-ईसार होना चाहिए

रहबरे-हिन्दोस्ताँ ये हिन्द की ललकार है
छातियों पर दुश्मनों के वार होना चाहिए

दर हक़ीक़त वक़्त का 'आसी' तकाज़ा है यही
तीर अब दुश्मन के दिल के पार होना चाहिए

आसी यूसुफ़पुरी

दुश्मन तो ललकार रहा है तुमने की तैयारी क्या
पूछ रही है जनता तुमसे जंग में है लाचारी क्या

शहरों में है शोर शराबा,सरहद पर क्यों ख़ामोशी
खेल सियासत का दो-रंगी है आख़िर,मक्कारी क्या

केवल पत्थरबाज़ों पर ही क़हर तुम्हारा बरसेगा
या इस्लामाबाद भी जाकर होगी अब बमबारी क्या

वीर शहीदों की लाशों पर जुमलेबाज़ी बन्द करो
ख़ुश्क लहू हो जायेगा तब आएगी बेदारी क्या

दुश्मन की धरती पर 'आसी' झंडा गाड़ के आएंगे
दावे हैं बस काग़ज़ पर ही बातें हैं अख़बारी क्या

नुक्ताचीनी

ये लम्हा अगर जंग का टल जाये तो अच्छा
बातों से कोई राह निकल जाये तो अच्छा

सरहद पे नज़र आता है नफ़रत का अँधेरा
इक शम्मा अगर प्यार की जल जाये तो अच्छा

हो सुब्ह कि छा जाए मुहब्बत का उजाला
अब रात अदावत की ये ढल जाये तो अच्छा

हर सम्त नज़र आते हैं गर्दिश में सितारे
जो सूरते- हालात बदल जाये तो अच्छा

लाज़िम है कोई फूल खिले दश्त में 'आसी'
माली का दिले संग पिघल जाये तो अच्छा

है अभी भी वक़्त प्यारे, मैं भी सोचूँ तू भी सोच
फिर न होंगे ये नज़ारे, मैं भी सोचूँ तू भी सोच

ख़ाक कर देंगे यक़ीनन अम्न के सब आशियाँ
उठ रहे हैं जो शरारे, मैं भी सोचूँ तू भी सोच

आसमाँ पर जब धुआँ बारूद का छा जायेगा
होंगें गर्दिश में सितारे, मैं भी सोचूँ तू भी सोच

जंग तो है मस'अला ख़ुद मस'अले का हल नहीं
कोई जीते-कोई हारे, मैं भी सोचूँ तू भी सोच

हश्र का मंज़र तो 'आसी' होगा दोनों ही तरफ़
जब जलेंगे घर हमारे, मैं भी सोचूँ तू भी सोच

नुक्ताचीनी

25

हमारी क़ौम में अब तक अदाकारी सलामत है
ज़मीनें बिक गयीं हैं पर ज़मींदारी सलामत है

शिकम पर बांधकर पत्थर भी हम तो मुस्कुराते हैं
हमारे अज़्म में हक़ की वो सरशारी सलामत है

फटी टोपी को भी अपनी सजा के सर पे रखते हैं
सलामत सर नहीं लेकिन ये ख़ुद्दारी सलामत है

बरोज़े-ईद बस्ती में हमारी आके तुम देखो
हमारे दिल मे किस दर्जा मिलनसारी सलामत है

हमारे अहद के बच्चे हमें ग़ालिब समझते हैं
हमारी फ़िक्र में आसी वो तह दारी सलामत है

26

अब पसे पर्दा का भी मंज़र दिखा
हाथ तो दिखला दिया ख़ंजर दिखा

ख़ून में डूबे हुए पत्थर को फेंक
ख़ून है जिस पर चढ़ा वह सर दिखा

रौशनी पर इन चिराग़ों की न जा
ख़ाक जो इनसे हुए हैं घर दिखा

राहबर तुझको मैं अपना मान लूँ
साथ मेरे दो क़दम चलकर दिखा

वक़्त का आसी तक़ाज़ा है यही
ज़ख़्मे दिल जिसको दिखा हँसकर दिखा

जुबां के बन्द दरवाज़े सदा खोला नहीं करते
समझ वाले हैं जो हर बज़्म में बोला नहीं करते

हमें उन लोगों से मिलने में कुछ ख़तरा नहीं रहता
कभी भी शहद में जो ज़हर को घोला नहीं करते

हवाएं शहर में अब हर तरह की आती जाती हैं
दरीचे घर के हर मौसम में यूँ खोला नहीं करते

हमारे गर्म अश्कों से तिरी तस्वीर जल जाती
मगर हम रंग को ख़ूनाब में घोला नहीं करते

बुरा है या भला आसी निबाही दोस्ती उससे
किसी को दोस्ती के वक़्त हम तौला नहीं करते

हवा के रुख़ को मोड़ा जा रहा है
दीये का अज़्म तोड़ा जा रहा है

मुझे कमज़ोर करने की है साज़िश
मिरे भाई को फोड़ा जा रहा है

परिन्दे वो सभी बे बालो-पर हैं
ख़ला में जिनको छोड़ा जा रहा है

गुलों में रंग भरने के लिए अब
लहू मेरा निचोड़ा जा रहा है

तुम्हारा नाम भी 'आसी' अदब से
इधर कुछ दिन से जोड़ा जा रहा है

आज अपनी फ़ितरत से लड़ के देख लेते हैं
पत्थरों में आईने जड़ के देख लेते हैं

मुद्दतों लड़े हैं हम बुझते इन चराग़ों से
अब खुली हवा से भी लड़ के देख लेते हैं

कर्ब जब दरख़्तों का हम समझ नहीं पाते
फूल बनके शाख़ों से झड़ के देख लेते हैं

शोर है बहुत उसका ग़मगुसार लोगों में
आज उसके पीछे ही पड़ के देख लेते हैं

वह कहाँ तलक आसी दुश्मनी निभाएगा
ज़िद पे हम मुहब्बत की अड़ के देख लेते हैं

सहर कब तक रहेगी सोच लेना
कभी तो शब ढलेगी सोच लेना

मुहब्बत का इरादा कर लिया है
बहुत तकलीफ़ देगी सोच लेना

सितारों से कहो मग़रूर ना हों
घटा ये फिर उठेगी सोच लेना

चराग़ों की हिफ़ाज़त है ज़रूरी
हवा जब जब चलेगी सोच लेना

ग़ज़ल को बेचने निकले हो 'आसी'
ये दुनिया क्या कहेगी सोच लेना

ख़ुद अपनी ज़ात से तू ला-पता है
फ़रिश्ता है तू, इंसाँ है तू, क्या है

नज़र अफ़लाक पर रखता है लेकिन
ज़मीं से अपनी ही ना-आशना है

ख़ता इसमे चराग़ों की नहीं कुछ
उजालों पर कोई ख़ुद ही फ़िदा है

दरख़्तों से कहो झुक जाएँ थोड़ा
अभी ग़ुस्से में थोड़ी ये हवा है

हवादिस का किसे है ख़ौफ़ 'आसी'
ख़ुदा ही जब हमारा नाख़ुदा है

हिस्सा लगा जो, घर का ही नक़्शा पलट गया
आंगन में एक पेड़ था, सो वो भी कट गया

उतरा नहीं है कोई परिन्दे का क़ाफ़िला
बस्ती का मेरी जब से वो तालाब पट गया

यकसाँ नहीं रहा है सदा रात दिन का साथ
जब रात बढ़ गयी है कभी दिन ये घट गया

अपनी जफ़ा पे उनको भी शर्मिंदगी न हो
देखा उन्हें क़रीब तो मैं ख़ुद ही हट गया

'आसी' उसे ज़रूर बहुत क़द पे था मगर
सर पर चढ़ी है धूप तो साया सिमट गया

आंखों में जो थी यार की सूरत नहीं गयी
बचपन की क़ैद दिल से मुहब्बत नहीं गयी

बरसों से जिसको दूध पिलाता रहा हूँ मैं
डंसने की उस हरीफ़ की फ़ितरत नहीं गयी

पहना दिया है वक़्त ने कुछ पैरहन तो क्या
मुफ़लिस के सर से चादरे-गुर्बत नहीं गयी

सबकुछ लुटा के इश्क़ में कहता है दिल मिरा
उन पर निसार होने की हसरत नहीं गयी

जन्नत भी आके हाथ से 'आसी' निकल गयी
लेकिन शराब पीने की आदत नहीं गयी

आसी यूसुफ़पुरी

क़रार आये इन आँखों को तिरा दर्शन ज़रूरी है
रहे उल्फ़त की ये शमआ सदा रौशन ज़रूरी है

वगरना बेच खायेंगे वतन को ये सियासी लोग
क़लमकारों का आपस में हो गठबंधन ज़रूरी है

कभी देखा नहीं मैंने उतरती धूप का मन्ज़र
मिरे घर में भी हो छोटा सा इक आँगन ज़रूरी है

मेरे अब्बू ये कहते थे कि दौलत पर न तुम जाना
मेरे बच्चे ये कहते हैं कि पापा, धन ज़रूरी है

दिलों में घर बनाएगा तुम्हारा शेर भी 'आसी'
ग़ज़ल कहने से पहले शब्दों का मन्थन ज़रूरी है

35

उतरती धूप का ये मौजज़ा है
शजर छोटा मगर साया बड़ा है

किचन में एक भी रोटी नहीं क्या
गली में कोई कुत्ता रो रहा है

ज़माना हो गया तब्दील कितना
मगर तू आज भी इंसान सा है

खिला है फूल जो बिखरेगा इक दिन
यही तो ज़िन्दगी का फ़लसफ़ा है

तबीयत पूछते हो यार 'आसी'
ख़ुदा का शुक्र है चलफिर रहा है

माँ की एक कहानी की जो सोनपरी सी लगती है
मेरे कांधे पर बैठी जो, मेरी बेटी लगती है

बरसों पहले कांटों का इक पेड़ यहीं पर देखा था
जिस रस्ते पर ले आये हो राह ये देखी लगती है

कभी कभी तो लहजे में कुछ मीठापन सा होता है
कभी कभी तो बात तुम्हारी चाय की सी लगती है

उनको लंदन प्यारा होगा मुझको यूसफ़पुर भला
अपनी अपनी माँ तो यारो सबको अच्छी लगती है

अपना दिन आफिस में आसी चाहे जैसा बीता हो
तेरी बाँहों में आते ही शाम सुनहरी लगती है

नुक्ताचीनी

37

रात कटेगी दिन आयेगा
सूरज कब तक शरमायेगा

बारिश थोड़ी हो जाने दो
बादल थोड़ा छँट जाएगा

क़ीमत अपनी,मत कम करना
जो बिकना है बिक जायेगा

शाखें जो मज़बूत रहेंगी
उन पर ही फल टिक पायेगा

एक मदारी है वो 'आसी'
रोज़ तमाशे दिखलायेगा

हौसले में वो हमीदी रंग हो
देख कर जिसको ज़माना दंग हो

जाग जाओ ऐ वतन के पासबाँ
अब ये सीमा दुश्मनो की तंग हो

दोहरा रंगे-सियासत छोड़ कर
मोम हो चाहे सरापा संग हो

मसअले जंगों से हल होते नहीं
जंग ही लाज़िम है तो फिर जंग हो

दुश्मनों से है तेरा फिर सामना
दिल में 'आसी' फ़तह का आहँग हो

जा-ब-जा मौत का जलवा है,तमाशा क्या है
या ख़ुदा देख तेरी सूरते-दुनिया क्या है

कल जो मग़रूर थे मजबूर हैं लाचार हैं अब
तू समुँदर है तेरे सामने क़तरा क्या है

बे-असर आज हैं दुनिया की सभी तदबीरें
ये वबा है, कि सज़ा है, ये ख़ुदाया क्या है

है ख़ुदा तू, तेरी मर्ज़ी पे है क़ायम दुनिया
तू ही जाने है बुरा और ये अच्छा क्या है

जो भी कहना है तुझे कह दिया 'आसी' मैंने
शाम ढलने को है साये का भरोसा क्या है

मैं खा गया फ़रेब नक़ाबों की आड़ में
वो थे कि गोया चाँद हिजाबों की आड़ में

जो पी रहे हैं ख़ून मज़ाहिब के नाम पर
करते हैं वो ही क़त्ल सवाबों की आड़ में

मत छीन मेरे हाथों से पैमाना साक़ीया
आँसू मैं पी रहा हूँ शराबों की आड़ में

वो ख़ार जो थे गुल की हिफ़ाज़त के वास्ते
रहने लगे हैं छुप के गुलाबों की आड़ में

'आसी' मिलेंगे लोग वही सब अदब-नवाज़
फ़न बेचते हैं जो कि किताबों की आड़ में

हादसे ऐसे भी कुछ साथ गुज़र जाते हैं
अपनी परछाई को हम देखके डर जाते हैं

उम्र भर कोई बुलन्दी पे कहाँ रहता है
मेघ उठते हैं, बरसते हैं, बिखर जाते हैं

खींच लाती है परिन्दों को मुहब्बत घर की
शाम ढलते ही दरख़्तों पे उतर जाते हैं

एक दीवाने हैं अंजाम से बेगाने हम
काम जो सर पे उठा लेते हैं कर जाते हैं

मौत का वक़्त मुक़र्रर है यक़ीनन 'आसी'
ऐसे कुछ लोग हैं, बेमौत भी मर जाते हैं

साथ इक़रार के इन्कार भी रख देता है
फूल रखता है जहाँ ख़ार भी रख देता है

होके मजबूर कोई बाप ही बेटी के लिए
शर्त के पाँव पे दस्तार भी रख देता है

मिलने वालों से वो नाराज़ जो होता है कभी
बाँध कर ताक़ पे बाज़ार भी रख देता है

बेगुनाही का मेरे करता है एलान वो ख़ुद
सामने लाके मेरे दार भी रख देता है

मैं भी हक़दार हूँ जन्नत का यक़ीनन 'आसी'
अपना दा'वा तो गुनहगार भी रख देता है

43

शिगूफ़ा जब कोई छोड़े समझ लेना सियासत है
शराबी मयकदा तोड़े समझ लेना सियासत है

सरे- बाज़ार जो तुझको करे रुसवा वही आकर
गली में हाथ भी जोड़े समझ लेना सियासत है

बहाये ख़ूने-नाहक़ और जताने के लिए फिर ग़म
ख़ुद अपना सर कोई फोड़े समझ लेना सियासत है

दिया जलता रहे इसकी हिमायत भी करे लेकिन
हवा से रब्त भी जोड़े समझ लेना सियासत है

रहे मन्ज़िल तलक 'आसी' शरीके-कारवाँ बनकर
अचानक मुँहको जब मोड़े समझ लेना सियासत है

रंज है, यास है, अरमान है, और कुछ भी नहीं
आदमी ख़ुद से परेशान है और कुछ भी नहीं

यारो दुनिया है कि इक झूठी कहानी की किताब
ज़िन्दगी मौत का उन्वान है और कुछ भी नहीं

इस लिए तू भी हुआ है यहां दहशत का शिकार
तू मुहब्बत का निगहबान है और कुछ भी नहीं

आईना देख के कमरे में वो नालाँ है बहुत
अपनी सूरत पे पशेमान है और कुछ भी नहीं

मैं भी कुछ देर तिरे साथ रहूँगा आसी
तू भी कुछ देर का मेहमान है और कुछ भी नहीं

नुक्ताचीनी

45

तख़्त माँगा है न ताजों की ज़या माँगी है
जिस्म ढ़कने के लिए सिर्फ़ क़बा माँगी है

जब कभी हाथ उठाया है ख़ुदा के आगे
माँ ने बच्चों की हिफ़ाज़त की दुआ माँगी है

हाय शरमाती हुई शह की पागल लड़की
मुझसे आज उसने तक़द्दुस की रिदा माँगी है

दर्द के रंग को पहचान सके ये दुनिया
एक बेवा से हथेली की हिना माँगी है

मेरे अल्लाह मिरी तौबा सलामत रखना
रात साक़ी ने दुआओं में घटा माँगी है

शानो-शौकत खा गई ताजो-हुकूमत खा गयी
अपनी ये इशरत परस्ती सब रियासत खा गयी

आज भी हिन्दोस्ताँ के रुख़ पे ये तहरीर है
भूक अय्याशी की सारी बादशाहत खा गयी

कब मिटेगी भूक तेरी रहबरे हिन्दोस्ताँ
इस वतन की आबरू को तेरी हैबत खा गयी

एक मिटटी का खिलौना भी न दे पाया कभी
मेरे बच्चों की मुसर्रत मेरी गुर्बत खा गयी

हो चुका है क़त्ल आसी मशरिक़ी अतवार का
मग़रिबी तहज़ीब बच्चों की लियाक़त खा गयी

नुक्ताचीनी

रंज था लेकिन गिला ऐसा न था
नफ़रतों का सिलसिला ऐसा न था

हम में तुम में दूरियाँ तो थीं मगर
आज है जो फ़ासला ऐसा न था

पहले भी खाई है मैदाँ में शिकस्त
पस्त लेकिन हौसला ऐसा न था

बे वफ़ा पहले भी मिलते थे बहुत
इश्क़ का लेकिन सिला ऐसा न था

हमने ग़ाफ़लत में इसे उलझा दिया
वरना आसी मसअला ऐसा न था

आसी यूसुफ़पुरी

जो दूसरों को फ़क़त आइना दिखाता है
वो अपने चेहरे से इक दिन फ़रेब खाता है

कली ये दिल की कहाँ रोज़ रोज़ खिलती है
नक़ाब रुख़ से कहाँ रोज़ वो हटाता है

बहुत ख़ुलूस से मिलता है सामने से मगर
वो मेरी पीठ पे ख़न्जर भी आज़माता है

करेगा क्या वो हिफ़ाज़त भला चिराग़ों की
वो आदमी जो उजाले से ख़ौफ़ खाता है

सुना है संग की सूरत है वो मगर आसी
मिरी पनाह में वो फूल बनता जाता है

है अजब मस'अला ज़िन्दगी का
न मिला एक लम्हा ख़ुशी का

धूप भी कर रही है सियासत
जिस्म मेरा, है साया किसी का

मेरे लुट जाने का ग़म नहीं है
मुझपे एहसान है मुफ़लिसी का

ये सुना है मिरे दुश्मनों में
तज़किरा है मिरी दोस्ती का

भर दिया मेरे बच्चों में "आसी"
किसने जज़्बा नया ख़ुदकुशी का

आसी यूसुफ़पुरी

अब सू-ए-नज़र कोई किनारा तो नहीं है
गर्दिश में कहीं अपना शिकारा तो नहीं है

हिम्मत ही तेरी खींच के लायी है किनारे
वर्ना ये फ़क़त तिनका सहारा तो नहीं है

फैला है तिरे दम से गुलिस्ताँ में उजाला
पोशीदा कोई तुझमे सितारा तो नहीं है

हाथों में अभी है तिरी तलवार सलामत
तू थक के गिरा है, अभी हारा तो नहीं है

यकलख़्त उठी है जो घटा शह्र में 'आसी'
मौसम के बदलने का इशारा तो नहीं है

मज़ाक़े-इश्क़ का मुबहम गुमान मत लेना
हमारी बात को तुम दिल पे,जान मत लेना

सुना है चाँद पे बस्ती, बसायी जायेगी
ज़मीन बेच के तुम आसमान मत लेना

तुम्हारे प्यार में हमने जहान छोड़ दिया
तुम अपने प्यार के बदले जहान मत लेना

अना के नाम पे सर अपना बेच सकता है
किसी ग़रीब का तुम इम्तिहान मत लेना

किसी ने रेत पे लिखा है आज फिर आसी
समुंदरों के किनारे मकान मत लेना

आसी यूसुफ़पुरी

रुमानी ग़ज़लें

ये और बात है पत्थर जिगर हैं हम आसी
किसी के छूने से शायद पिघल भी सकते हैं

52

हर अदाकार की शुहरत हो, ज़रूरी तो नहीं
काग़ज़ी फूल में नकहत हो,ज़रूरी तो नहीं

मुन्तज़िर हैं तिरे दीदार के सब लोग यहाँ
सब की पूरी यहाँ चाहत हो, ज़रूरी तो नहीं

वक़्त के साथ बदल जाते हैं दिल के रिश्ते
उम्र भर आप से निस्बत हो,ज़रूरी तो नहीं

उनसे मिलकर जो मिला है मिरी तक़दीर सही
उनसे मिलना मिरी क़िस्मत हो, ज़रूरी तो नहीं

यूँ तो लाज़िम है मुहब्बत के लिए दिल 'आसी'
फिर भी हर दिल में मुहब्बत हो,ज़रूरी तो नहीं

आसी यूसुफ़पुरी

सितम दिल पर हमारे ऐसे ढाया जा रहा है
किसी को देखकर अब मुस्कुराया जा रहा है

ये उनका क़त्ल भी सच बोलने का है नतीजा
कि जिनका ख़ून मक़्तल में बहाया जा रहा है

हवाए-बे-असर को आँधियों का नाम देकर
मुसलसल अब चराग़ों को डराया जा रहा है

सुना है भूक से निकला है दम उस आदमी का
वह जिसकी याद में लंगर चलाया जा रहा है

बढ़ाये जा रहे हैं कुछ नए क़िस्से नसब में
वजूद 'आसी' हमारा यूँ मिटाया जा रहा है

54

ज़िन्दगी इतनी भी दुश्वार न हो
आदमी जीने को तैयार न हो

उन से मिलना भी हो दिन रात मिरा
और ये शर्त है की प्यार न हो

ये कोई ज़िन्दगी है दोस्त अगर
ज़िन्दगी दर्द से दो- चार न हो

कोई इक क़ौम का तू नाम बता
मुल्क का अपने वफ़ादार न हो

वर्ना 'आसी' भी फ़रिश्ता होता
आदमी क्या, जो गुनहगार न हो

आसी यूसुफ़पुरी

55

जब किसी से दिल लगाना चाहिए
पहले उसको आज़माना चाहिए

है ये फ़ितरत ख़ार की चुभता रहे
फूल को महफ़िल सजाना चाहिए

मन्दिरो मस्जिद से कुछ मतलब नहीं
मैं परिन्दा हूँ ठिकाना चाहिए

है इसी का नाम यारो ज़िन्दगी
दर्द में भी मुस्कुराना चाहिए

मुस्कुरा दो तुम ज़रा आसी, मुझे
ज़िंदा रहने का बहाना चाहिए

56

है ज़िन्दगी की तल्ख़ अदाओं का सामना
मुद्दत से कर रहा हूँ जफ़ाओं का सामना

मन्ज़िल तलक तो रहने दो कांधे पे सर का बोझ
होगा अभी हज़ार बलाओं का सामना

ख़ामोश है फ़िज़ा तो समझ ले ऐ नाख़ुदा
करना है तेज़ तुन्द हवाओं का सामना

वो बच सके न जो भी ख़तावार थे यहाँ
करना पड़ा है उनको सज़ाओं का सामना

'आसी' फ़रेब देता रहा उम्र भर जिसे
कैसे करेगा उसकी अताओं का सामना

दर्द हद से गुज़र न जाये कहीं
घुट के अरमान मर न जाये कहीं

बहकी बहकी तिरी नज़र, तौबा
चोट इस दिल पे कर न जाये कहीं

सामना सच का करते करते मियाँ
आईना है, बिखर न जाये कहीं

फिर सियासी घटाएँ उठने लगीं
हादसा फिर गुज़र न जाये कहीं

खेलता है वो धूप में 'आसी'
अपने साये से डर न जाये कहीं

58

तेरी चाहत में दर-बदर भटके
चाँद जैसे कि रात भर भटके

तेरी गलियों से जब गुज़र हो मिरा
दीद की चाह में नज़र भटके

तुझसे मिलने की आरज़ू थी बहुत
तेरे कूचे में जानकर भटके

यूँ भी तक़दीर ने दिया धोका
आके मंज़िल पे रहगुज़र भटके

जब भटकना ही है नसीब तेरा
क्यों न 'आसी' तू उम्रभर भटके

वो हुस्न और वफ़ा के सांचे में ढल रहे हैं
हम आरज़ू की हद से बाहर निकल रहे हैं

अब देखिये भला क्या होता है जुगनुओं का
कुछ शौक़ में परिन्दे तारे निगल रहे हैं

बदला हुआ है अपना अंदाज़ दुश्मनों ने
साँप आस्तीन के अब जेबों में पल रहे हैं

सौंपी गई है जिनके हाथों में नाख़ुदाई
मौजे -बला से डर कर कश्ती बदल रहे हैं

बस्ती में फैली 'आसी' इस रौशनी की क़ीमत
उनसे ही कोई पूछे घर जिनके जल रहे हैं

60

ये जो दीवानावार ठहरा है
साज़िशों का शिकार ठहरा है

दिल की दुनिया में है जो वीरानी
इश्क़ का कारोबार ठहरा है

फूल को खा गई हवा कब की
शाख़ पर सिर्फ़ ख़ार ठहरा है

रंग बदलेगा आज का मौसम
आसमाँ पर गुबार ठहरा है

तू मेरे दिल के पास है 'आसी'
तू मेरा राज़दार ठहरा है

सब तमाशाई हैं इक तू ही तमाशा तन्हा
कितना मुश्किल है ग़मे-हिज्र उठाना तन्हा

इश्क़ कहते हैं जिसे आग बराबर की लगे
कब तलक कोई निभाएगा ये रिश्ता तन्हा

तेरी वहशत है, जुनू है, ये वफ़ा है, क्या है
दिल का रिश्ता ये तेरा, यार निभाना तन्हा

मैं भी निकला हूँ अँधेरों में उजाला भरने
जैसे जुगनू हो कोई रात का मारा तन्हा

सोचता हूँ मैं तिरी राह से हट कर 'आसी'
ज़िन्दगी का ये सफ़र कैसे कटेगा तन्हा

नुक्ताचीनी

62

राब्ता दिल का बढ़ाओ तो सही
घर हमारे आओ-जाओ तो सही

फिर कभी लेना हमारा इम्तिहाँ
पहले ख़ुद को आज़माओ तो सही

सहने-गुलशन में न क्यों आये बहार
फूल हो तुम, मुस्कराओ तो सही

कर न पायेगा अंधेरा सामना
तुम कोई सूरज उगाओ तो सही

आइने शफ़्फ़ाफ़ हैं 'आसी' मियाँ
धूल चेहरे से हटाओ तो सही

मिले जो मुझसे तो हैरत सी हो गई उनको
ज़माने भर से मुहब्बत सी हो गई उनको

छुपा के रक्खा था मैंने जो उनके हाथ का फूल
मिरी किताब से उल्फ़त सी हो गई उनको

हिसाब अपना पुराना जो उनसे माँग लिया
बस इतनी बात थी दिक्क़त सी हो गई उनको

मुझे वो देख के फिर आज मुस्कुराने लगे
फिर आज बज़्म में ग़ाफ़लत सी हो गई उनको

उन्हों ने ख़्वाब में इक रात मुझको देख लिया
हर एक रात से निस्बत सी हो गई उनको

64

मलाल इसका नहीं है वो बेवफ़ा निकले
मलाल ये है कि सोचा था क्या वो क्या निकले

मेरी हयात तो गुज़री पहाड़ियों पे मगर
वो संग जिनको तराशा था सब ख़ुदा निकले

सफ़र में घर से तू निकले तो ये ख़याल रहे
कोई भी हादसा गुज़रे तू बे-ख़ता निकले

किया है क़त्ल मेरा तूने ही पता है मुझे
ख़ुदा करे कि मगर नाम और का निकले

इसी उम्मीद पे बस चल रहा हूँ मैं 'आसी'
कहीं से कोई तो मन्ज़िल का रास्ता निकले

❉

65

लाख   कांटे   उलझते   रहे
शाख़   पर   गुल   महकते   रहे

ख़त्म   पल   में   फ़साना   हुआ
नैन   बरसों   बरसते   रहे

खो   गए   वो   परिन्दे   कहाँ
सुब्ह   दम   जो   चहकते   रहे

पीने   वाले   तो   सैराब   थे
जाम   ख़ाली   छलकते   रहे

आँख   'आसी'   की   नम   हो   गई
लोग   क्या -क्या   समझते   रहे

66

तुझसे ही दिल को गिला है,तुझसे ही उल्फ़त भी है
तेरे पहलू में ही दिल को दर्द भी, राहत भी है

क्या पता किस सम्त ले जाएगा ये तेरा मिज़ाज
रोशनी से ख़ौफ़ भी है, चाँद की हसरत भी है

है अलग ये बात की दुनिया तिरे बस में नहीं
यूँ तो तेरे हाथ में दोज़ख़ भी है, जन्नत भी है

तुझको पाने की तमन्ना बारहा की है मगर
तू मिरे पहलू में है ये देखकर हैरत भी है

एक तू ही बस नहीं आसी चमन में शादमाँ
वरना गुल में ताज़गी है रंग है, नकहत भी है

उनकी क़ातिल निगाह तक पहुँचे
यार ख़ुद क़त्ल गाह तक पहुँचे

ख़ुद ही मंज़िल का इंतिख़ाब किया
ख़ुद तबाही की राह तक पहुँचे

शर्म से झुक गयी नज़र अपनी
ज़हन जब भी गुनाह तक पहुँचे

ज़िन्दगी तो हसीन थी फिर भी
मौत की हम पनाह तक पहुँचे

इश्क़ रुसवा न हो कहीं 'आसी'
दर्द तेरा न आह तक पहुँचे

शम्आ जलती और पिघलती जा रही है
पर अंधेरे को निगलती जा रही है

शाम का मंज़र जवाँ होने लगा अब
रफ़्ता-रफ़्ता धूप ढलती जा रही है

आइनों से दूर ही रहना है अच्छा
अब मिरी सूरत बदलती जा रही है

ज़िन्दगी इक शम्आ की मानिन्द है बस
जल रही जब तक यह जलती जा रही है

बेबसी 'आसी' इसी का नाम है क्या
मर चुका हूँ साँस चलती जा रही है

आसी यूसुफ़पुरी

इस ज़िन्दगी के सख़्त सफ़र काट रहे हैं
कटती नहीं है राहे-ख़तर काट रहे हैं

ये इश्क़ जिसे खेल समझती है ये दुनिया
हम फूल से पत्थर का जिगर काट रहे हैं

ताकि न रहे दिल मे कोई हसरते-परवाज़
इस ख़ौफ़ से ख़ुद अपना ही पर काट रहे हैं

कुछ फ़िक्र तलातुम की न तूफ़ान का ग़म है
गर्दिश में सफ़ीना है भंवर काट रहे हैं

मुश्किल है बहुत राह मुहब्बत की ये 'आसी'
काँटों से गुज़रना है सफ़र काट रहे हैं

नुक्ताचीनी

हया पर्दे के पीछे रो रही है
जवानी क्यों पशेमाँ हो रही है

अमीरी खा गई तहज़ीब घर की
ग़रीबी में हया कुछ तो रही है

घटा फिर छा रही है रंजो-ग़म की
ज़मीं फिर अपनी रंगत खो रही है

बदलते वक़्त का है मो'जज़ा ये
हमारी लाश हमको ढो रही है

कहीं फिर सानेहा गुज़रेगा 'आसी'
कुछ ऐसी ही सियासत हो रही है

किया है यूँ तो ज़माने ने एहतिराज़ बहुत
मगर वफ़ाओं पे अपनी हमें है नाज़ बहुत

ख़ुदा करे कोई सज्दा, क़बूल हो जाये
पढ़ी है हमने ख़ुदा की क़सम नमाज़ बहुत

मरीज़े इश्क़ रहे ख़ुद तमाम उम्र मगर
दिया है हमने ज़माने को चारासाज़ बहुत

बदल दिया है बहारों ने गुलसिताँ का मिज़ाज
गुलों के रंग में बू में है इम्तियाज़ बहुत

ज़माना इस लिए 'आसी' फ़िदा हुआ उस पर
वो ख़ुद पसन्द है लेकिन है जाँ-नवाज़ बहुत

हर क़दम पर सराब है सचमुच
ज़िन्दगी बे- हिसाब है सचमुच

दूर तुझसे हुआ हूँ तब जाना
हिज्र भी इक अज़ाब है सचमुच

तेरा आँचल है चाँदनी गोया
चाँद का तू जवाब है सचमुच

हर नफ़स फूटने का है ख़तरा
ज़िन्दगी इक हबाब है सचमुच

तूने होंटों से छू लिया "आसी"
फिर ग़ज़ल कामयाब है सचमुच

आसी यूसुफ़पुरी

दिल की तलब को और भी उसने बढ़ा दिया
आंखें मिलीं न थीं अभी, पर्दा गिरा दिया

ख़ूने-जिगर से लिक्खे थे अहवाले दिल सभी
ख़त के जवाब में वो फ़क़त मुस्कुरा दिया

हमने समझ के फूल जिसे दिल मे रख लिया
अहसाँ है उसने थोड़ी सी ख़ुशबू लुटा दीया

सूरज-परस्त लोग अंधेरों में ग़र्क़ थे
हमने चराग़ अपना ख़ुशी से बुझा दिया

लोगों ने उस मुक़ाम को मस्जिद समझ लिया
'आसी' बसद ख़लूस जहाँ सर झुका दिया

74

ज़द में तूफ़ाँ की अपनी नाव भी है
और नदी में बहुत बहाव भी है

उससे रिश्ते में मन मुटाव सही
उसकी जानिब मगर झुकाव भी है

हुस्न की आख़िरी है दीद अगर
इश्क़ का आख़री पड़ाव भी है

ताज़ा-ताज़ा है याद भी उसकी
ताज़ा-ताज़ा अभी तो घाव भी है

ज़िन्दगी बे-वफ़ा सही 'आसी'
ज़िन्दगी से मगर लगाव भी है

दर्द भी इश्क़ में लगता है मुदावा क्यों कर
आदमी भीड़ में हो जाता है तन्हा क्यों कर

आपको मैंने कभी प्यार से देखा भी नहीं
आपसे बढ़ने लगा दिल का ये रिश्ता क्यों कर

जब भी अश्आर नये दिल से निकल जाते हैं
मुझको दीवाना समझती है ये दुनिया क्यों कर

आप हमसे ही जताते हैं कोई राज़ की बात
फिर हमीं से है किसी राज़ पे पर्दा क्यों कर

उम्र भी अब वो नहीं है कि कोई इश्क़ करे
दिल मेरा 'आसी' ये करता है तमाशा क्यों कर

कभी ख़ूने-जिगर से था लिखा ख़त
दिये बच्चों ने वो सारे जला ख़त

नज़र आता नहीं अब डाकिया भी
कभी आता नहीं है आपका ख़त

क़लम है और काग़ज़ भी है लेकिन
निगाहों से हमारी खो गया ख़त

कोई लिखता नहीं अब साले-नव पर
किसी को गुलफ़िशाँ खुशबू भरा ख़त

उड़ी तहरीर तो पल भर में 'आसी'
मगर कुछ देर तक जलता रहा ख़त

आसी यूसुफ़पुरी

बेसबब दीद की चाहत नहीं करने वाले
हम   तमाशाए-मुहब्बत   नहीं   करने   वाले

हमने सूरज को भी यूँ चढ़के उतरते देखा
तुम बहुत देर हुकूमत नहीं करने वाले

है हमारा ये वतन हमने सँवारा है इसे
हम यहाँ से कभी हिजरत नहीं करने वाले

अपने हाथों से जिसे हमने तराशा है कभी
उसी पत्थर की इबादत नहीं करने वाले

टूटने देंगे न 'आसी' कभी ग़ैरत का भरम
भूक में भीक की हाजत नहीं करने वाले

जिगर के ख़ून से लिक्खा है तेरे प्यार का ख़त
क़बूल करना मेरे दोस्त, ख़ाकसार का ख़त

कभी मिला न वो जिसकी थी आरज़ू दिल को
यूँ मिलने को तो मिला मुझको बेशुमार का ख़त

बुझा-बुझा सा था दिल हो गया है यूँ रौशन
किसी ग़रीब के नाम आये रोज़गार का ख़त

बस एक वहम मिटाना था इस लिए मुझको
तमाम उम्र लिखा उसने ऐतबार का ख़त

बरोज़े-हश्र मुकर जाए न कहीं 'आसी'
तहे-कफ़न मेरे रख देना ग़म गुसार का ख़त

आसी यूसुफ़पुरी

उनकी नज़र में हो गये अब अजनबी से हम
कल तक जिन्हें अज़ीज़ रहे यारो जी से हम

हमको वो दोस्ती का ज़माना भी याद है
खाये हैं दिल पे चोट बड़ी बेदिली से हम

बनकर नसीब रह गयी है तल्ख़िए- हयात
अब क्या करें नसीब का शिकवा किसी से हम

ये आख़री सफ़र है मुहब्बत से देख लो
शायद कि फिर न गुज़रें तुम्हारी गली से हम

'आसी' हर एक साँस पे सौ-सौ ये बंदिशें
तंग आ गये हैं आप ही इस ज़िन्दगी से हम

उठें गर आंधियाँ भी ख़ौफ़ क्या है
चरागों की मुहाफ़िज़ जब हवा है

है यूँ सब कुछ मगर तुम ही नहीं हो
नदी है, शाम है, काली घटा है

मिरी तस्वीर में क्या ढूँढ़ते हो
मिरा चेहरा ही जब इक आईना है

यहाँ ईमान बिक जाता है आकर
यहाँ बुत भी बना फिरता ख़ुदा है

तराशोगे नज़र आयेगा 'आसी
छुपा हर संग में इक देवता है

81

एहसासे-ग़म था क़ल्ब में पिन्हाँ तमाम उम्र
लेकिन रहा मैं सूरते-ख़न्दाँ तमाम उम्र

ज़ख़्मों से बद नसीब के अरमाँ थे पाश-पाश
करता रहा जो चाक गिरीबाँ तमाम उम्र

लूटा गया है आज उसी की पनाह में
वो आदमी था जिसका निगहबाँ तमाम उम्र

मेरी ये सरगुज़िश्त ही ग़ज़लों में गीत में
बनकर रहेगी इश्क़ का उन्वाँ तमाम उम्र

'आसी' सुना है कुफ़्र का फ़तवा उसी पे है
करता रहा जो सज्दए-यज़दाँ तमाम उम्र

82

बिन तेरे सब जादू क्या
फूल न हो तो ख़ुश्बू क्या

जबसे रूठे हो सच कहना
नींद आयी इक पहलू क्या

हँसते -हँसते भर दोगे अब
आँख में मेरी आँसू क्या

रसमुलख़त का फेर है बस
यारो   हिंदी-उर्दू   क्या

तुम हो चारागर 'आसी'
तुम को मुस्लिम-हिन्दू क्या

कोई पहलू,सुकूँ नहीं मिलता
यार मुझ से तू,क्यूँ नहीं मिलता

मेरा रिश्ता है उससे भाई का
चेहरा मिलता है,खूँ नहीं मिलता

हर कोई पूछता है, हाल तिरा
ये भी रुतबा तो यूँ,नहीं मिलता

मुझसे मिलना है उसकी मजबूरी
वरना वो सच कहूँ, नहीं मिलता

कोई बदनाम तुझ सा हो 'आसी'
ढूँढता फिरता हूँ, नहीं मिलता

घाट के वो, न घर के छोड़ेंगे
मुझको दीवाना कर के छोड़ेंगे

फिर रिहाई का मेरी, क्या मतलब
जब मेरे पर कतर के छोड़ेंगे

उनसे मिलना हुआ है बरसों बाद
आज हद से गुज़र के छोड़ेंगे

मयकदा फिर नसीब हो कि न हो
जाम ख़ाली है, भर के छोड़ेंगे

चश्म उनकी है, या समुन्दर है
तह में 'आसी' उतर के छोड़ेंगे

आसी यूसुफ़पुरी

कोई तोहमत जो तेरे प्यार पे है
मा'मला सारा ऐतबार पे है

कल हमारी ये जान, ले लेगा
आज ख़तरा जो कारोबार पे है

ग़म ख़िज़ाँ का सता रहा है उसे
मुनहसिर फूल जो बहार पे है

बात करना भी जब गिराँ गुज़रे
जान ले इश्क़ अब उतार पे है

भूक 'आसी' निगल गयी तुझको
और लंगर, तिरे मज़ार पे है

हाएल है दर्दे-ज़ीस्त,मिरे जिस्मो-जाँ के बीच
उलझा हुआ है दिल ये, ग़मे-दो जहाँ के बीच

कोई तो है मक़ाम तिरा मर्कज़े-सजूद
खोई हुई जबीं है कई आस्ताँ के बीच

मैं छू सका न आज तलक, जिस्मे-बू-ए-गुल
कहने को यूँ तो उम्र कटी गुलसिताँ के बीच

दोनों ही हैं अज़ीज़ मुझे जानो-क़ल्ब से
मत फ़र्क़ डाल हिंदी-ओ-उर्दू ज़ुबाँ के बीच

तुम पारखी निगाह से 'आसी' करो तलाश
मदफ़न हैं कितने जिस्म ज़मीं आसमाँ के बीच

गुलों का हुस्न मिले, बू मिले, बहार मिले
मेरे हबीब तुझे, उम्र ख़ुशगवार मिले

ये और बात कि इल्ज़ाम आइनों पे गया
वगरना यारों के, चेहरे ही दाग़दार मिले

उन्हीं के हिस्से में आयी चमन की रखवाली
वो जिनसे भीक में माँगा था फूल, ख़ार मिले

यहीं पे दफ़्न हूँ मैं भी कहीं, तलाश करो
मेरे भी नाम का, शायद कोई मज़ार मिले

लिपट के बैठ गया, माँ समझ के मैं 'आसी'
सफ़र में पेड़ कोई जब भी सायादार मिले

सज्दा ब-सर था और मैं बा दस्ते-जाम भी
लाज़िम था इश्क़ में जो, किया एहतराम भी

तुम क्या गये कि रूठ गयीं घर से रौनकें
सुनसान हैं ये दर भी, दरीचे भी बाम भी

तिश्ना लबी का होता न हमको ज़रा मलाल
होता अगर न बज़्म में ये इंतज़ाम भी

सहमा हुआ है इतना ज़माने के ख़ौफ़ से
करता नहीं किसी से सलामो- कलाम भी

"आसी" गिरे हैं यूं कि सँभलना मुहाल था
आये हैं राहे-ज़ीस्त में ऐसे मक़ाम भी

लेके बैठा हूँ मैं छत पर एक टुकड़ा चाँद का
हो गया है आसमाँ पर रंग फीका चाँद का

ख़्वाब में मेरे नज़र आते थे परियों के जमाल
माँ मिरी मुझको सुनाती थी जो क़िस्सा चाँद का

कुछ सितारे इस लिए भी आसमाँ से हैं ख़फ़ा
क़द इन्हें भाता नहीं है घटता, बढ़ता चाँद का

मुद्दतों से ढूँढता फिरता है कोई हमसफ़र
ये सफ़र कितना गिराँ है तन्हा,तन्हा चाँद का

चन्द लम्हे के लिए वह आये, आकर चल दिये
देर तक महफ़िल में 'आसी' तज़किरा था चाँद का

चराग़ गुल हो, ये शब कामयाब हो जाये
तुम्हारे साथ हसीं, एक ख़्वाब हो जाये

हमारी चोट पे तुम प्यार से जो हाथ रखो
हमारा ज़ख़्म मोअत्तर गुलाब हो जाये

हम अपने सब्र की हद पार कर के बैठे हैं
तुम्हारे ज़ुल्म का भी अब हिसाब हो जाये

हर एक सम्त यहाँ तीरगी सी फैली है
कोई तो शख़्स उठे आफ़ताब हो जाये

तुम्हे नसीब हो जन्नत ख़ुदा करे 'आसी'
हमारे नाम तुम्हारा अज़ाब हो जाये

आसमानों को मिले जब ज़मीनों के ख़तूत
काम आए हैं बहुत नाज़नीनों के ख़तूत

उसकी तहरीरों में था इस क़दर जादू भरा
हमने सालों में पढ़े, वो महीनों के ख़तूत

रोज़ खिलता है कहाँ गुल मुहब्बत का भला
रोज़ मिलते हैं किसे मह जबीनों के ख़तूत

बढ़ गया ग़म और भी चाक जब उसने किये
मेरे हाथों के लिखे कुछ यक़ीनों के ख़तूत

क्यों न आसी नाज़ हो अपनी क़िस्मत पर तुझे
हाथ तेरे जो लगे कुछ हसीनों के ख़तूत

शोख़ नज़रों से वार कर गया
दिल मेरा बेक़रार कर गया

उसकी सूरत पे तुम न लुटना
मैं तो बस ऐतबार कर, गया

एक पागल था,मरते दम जो
प्यार से होशियार कर गया

उसकी आँखों में था वह नशा
दिल को बेइख़्तियार कर गया

लौट कर जाते जाते 'आसी'
वह मुझे अश्कबार कर गया

न कोई ख़त मुझे लिक्खे, न कोई कॉल करे
नसीब हाय किसी का न ऐसा हाल करे

हर एक आदमी बैठा है इक सवाल लिये
सवाल ये है कोई किससे अब सवाल करे

बस एक मुझको ही आता नहीं फ़रेब का ढंग
जिसे भी देखिये ये काम, बा कमाल करे

ख़ुदा करे कि वो लम्हा तुझे नसीब न हो
किसी के साथ रहे और मिरा ख़याल करे

उभरता- डूबता सूरज तो मैं नहीं 'आसी'
सफ़र में आप रहे और उफ़क़ को लाल करे

हसीन चेहरे पे तेवर हया के रखता है
वो अपने आप को सबसे छुपा के रखता है

महाज़ लेके वो बैठा है तीरगी के ख़िलाफ़
हवा के दोश पे दीपक जला के रखता है

मिज़ाज उसका ये अपना है मुख़लिसाना सा
किसी से मिलते हुए सर, झुका के रखता है

चमन का कर्ब भी करता है क्या कभी महसूस
वो फूल पाँव पे जब देवता के रखता है

सुलूक़ उसका है 'आसी' कोई वली जैसा
सभी से प्यार के रिश्ते बना के रखता है

एक ख़ामोश सा इल्ज़ाम लगा देता है
साथ अपने वो मेरा नाम लगा देता है

रोज़ सोये हुए सूरज को जगाता है वही
सुब्ह के साथ मगर शाम लगा देता है

चोट खाता है किसी और से अपने दिल पर
मुझ पे क्यों दर्द का इल्ज़ाम लगा देता है

बारहा वो मेरी आवाज़ दबाने के लिए
मेरे पीछे कोई कुहराम लगा देता है

ख़ुद ही गिर जाता है नज़रों से वो शायर आसी
अपनी तख़लीक़ का जब दाम लगा देता है

अभी तो रात के मन्ज़र बदल भी सकते हैं
जो छुप गए हैं सितारे निकल भी सकते हैं

है शर्त इतनी हटा दो तुम अपने रुख़ से नक़ाब
चराग़ बुझने लगे हैं वो जल भी सकते हैं

हमारी आंखो के आंसू तुम्हारी आँखों से
अगरचे प्यार हो दिल में निकल भी सकते हैं

कि बादबान हैं, हमको सम्भाल कर रखना
अभी हवा के इरादे बदल भी सकते हैं

ये और बात है पत्थर जिगर हैं हम 'आसी'
किसी के छूने से शायद पिघल भी सकते हैं

आसी यूसुफ़पुरी

मेरे मोहसिन न करो कम ये सितम रहने दो
अपनी यादों से मेरी चश्म को नम रहने दो

ताकि एहसास की दुनिया ये ख़याली न रहे
मेरे अफ़कार में हालात के ग़म रहने दो

मेरा दिल ख़ुद ही सनम भी है परस्तार भी है
दिल की बातें हैं फ़क़त दैरो हरम रहने दो

जिन्दगी चन्द बरस तक है तुम्हारी मेहमाँ
लौट ही जायेंगे इस शहर से हम रहने दो

ये ज़माने की सही दिल की तसल्ली के लिए
रुख़ पे 'आसी' के मुहब्बत का भरम रहने दो

दिल ये ख़ामोश है आँखों में कहानी सी है
ज़िन्दगी क्या कोई बेवा की जवानी सी है

तेरी चाहत है उमड़ती हुई मौजों की तरह
मेरी हसरत किसी दरिया की रवानी सी है

जिनकी मिलती भी नहीं मेरी लकीरों से लकीर
दास्ताँ उनकी मगर मेरी कहानी सी है

साथ उनका है मिला मुझको दुआओं की तरह
याद इस दिल में मिरे जिनकी निशानी सी है

लौ जो मद्धम है तो क्या इसमें ज़या है अबतक
लाख 'आसी' ये मिरी शम्आ पुरानी सी है

इक चाँद नज़र आया जब रात ने ली करवट
दिल मेरा मचल उट्ठा जज़्बात ने ली करवट

हर सम्त अंधेरा था, तुम आये ख़ुशा क़िस्मत
नूरानी हुई महफ़िल, जुल्मात ने ली करवट

जब डसने लगे दिल को लम्हात जुदाई के
इक हूक उठी दिल में, लम्हात ने ली करवट

फिर जाम कोई छलका,फिर ज़रूम मिरे महके
फिर याद कोई आया, सदमात ने ली करवट

फिर तोड़ दिया उसने तौबा का चलन "आसी"
जब घिर के घटा छाई, बरसात ने ली करवट

बदनाम ये आवारा जबीं हमसे हुई है
सच ये है ख़ता तुमसे नहीं, हमसे हुई है

हमने ही दिया रंग मुसव्विर को लहू का
तस्वीर मुहब्बत की हसीं हमसे हुई है

हमने ही दिया ख़ून भी ख़ारों को चमन के
गुलज़ार गुलिस्ताँ की ज़मीं हमसे हुई है

हमने ही दिया हुस्न को पर्दे का चलन भी
तहज़ीब यहाँ पर्दा नशीं हमसे हुई है

हम सर तो कटा देते हैं झुकते नहीं 'आसी'
तारीख़ मुरत्तब भी कहीं हमसे हुई है

हम तो पागल और दिवाने हैं मियाँ
उन से पूछो जो सियाने हैं मियाँ

दर्द का अहसास ताज़ा है अभी
ज़ख़्म तो बरसों पुराने हैं मियाँ

ज़िन्दा रहने का कोई चारा नहीं
मौत के लाखों बहाने हैं मियाँ

चन्द बोसीदा किताबों में मिरी
ज़िन्दगी भर के फ़साने हैं मियाँ

दैर हो 'आसी' हरम या मयकदा
यार के सब आस्ताने हैं मियाँ

चलो ये बार भी दिल पर उठा के देखते हैं
फ़रेब अपने ही हाथों से खा के देखते हैं

हम अहले दिल हैं मुहब्बत परस्त हैं हमलोग
हर एक चेहरे पे चेहरे वफ़ा के देखते हैं

उन्हें ये फ़िक्र है सूरज वो ढल न जाये कहीं
हमें ये हुक्म है, शम्अ जला के देखते हैं

हमें तो उनकी ख़ुशी का फ़क़त ख़याल रहा
वो चाहते हैं तो हम मुस्कुरा के देखते हैं

सफ़ीना अपना भंवर में उतार कर 'आसी'
ख़मोश रहते हैं, हम रुख़ हवा के देखते हैं

जीवन परिचय

नाम	मुहम्मद सरफ़राज़ अंसारी
साहित्यिक नाम	सरफ़राज़ अहमद आसी
जन्म	25 नवम्बर 1973 ईसवी (यूसुफ़पुर महल्ला शेखटोला)
पिता	स्व.अबुल कलाम अंसारी
माता	स्व. नसीबन निसा
पौत्र	अब्दुस्सलाम बिन मुहम्मद यार "जाहिल यूसुफ़पुरी" (हास्य व्यंग्य के शायर थे)
परपौत्र	मुहम्मद यार बिन वज़ीर अंसारी
पत्नी	शगुफ़्ता जहाँ
पुत्रियां	सामिया फ़राज़, सायमा फ़राज़,
पुत्र	मुहम्मद साक़िब फ़राज़, सालिम फ़राज़ अंसारी
साहित्यिक गुरु	श्री आबिद सलेमपुरी साहब
आदर्श	श्री 'सैफ़ी' सलेमपुरी साहब
शिक्षा	बी.ए. हिंदी, एम.ए. फ़ाज़िल अरबी, मोअल्लिम ए उर्दू, दबीरे क़ाबिल, दबीरे फ़ाज़िल, यू.टी.सी.
मुख्य सचिव	आसी अकादमी यूसुफ़पुर- ग़ाज़ीपुर (रजि.)
पूर्व सचिव	ख़ामोश अकादमी यूसुफ़पुर ग़ाज़ीपुर (1990 से 2010 तक)

(कृतियाँ)

1-मैं कवि हूँ,(कविता संग्रह-देवनागरी में), 2000

2-कर्बो-बला (मुनक़बत,नौहे- देवनागरी में) 2001

3-मुरक्क़ा-ए-ग़म(मुनक़बत,नौहे- देवनागरी में)2002

4-क़तरा-क़तरा दरिया(शेर और क़तात- देवनागरी में)2014

5-रग-रग का लहू (ग़ज़ल संग्रह -देवनागरी में)2019

6-नुक्ताचीनी (सम सामयिक ग़ज़ले-देवनागरी में) 2022

7-सोचता हूँ (गीत व नज़्म-उर्दू में) अप्रकाशित

8-ग़ज़ल बोलेगी (ग़ज़ल संग्रह -उर्दू में) अप्रकाशित

9- आमदो-आवुर्द (उर्दू शेरी मजमूआ) प्रेस में

ई-बुक

1- कल्पना ही मेरा जीवन-2015 (www.kavyasagar.com पर उपलब्ध है)

2- बर्फ़ की रेत -2017 (kavitakosh.org पर उपलब्ध है)

3- वाह क्या अदब की शायरी है -2019 (http://liberatelife.in पर उपलब्ध है)

संकलन एवं सम्पादन

1-परिन्दे-पूरब के (यूसुफपुर के शायरों का इतिहास)2005

2-आदाबे-सुख़न (अन्तर्राष्ट्रीय शायरों की ग़ज़लें)2010

3-ख़ुशबू (ग़ज़ल संग्रह-सुमन यूसुफ़पुरी) 2019

4-दीवान-ए-शोअरा-ए-हिन्द (15 शायरों का सामूहिक दीवान) 2022

5-नवाए-रफ़ी (ग़ज़ल संग्रह- स्व.रफ़ी यूसुफ़पुरी) 2022

6- मुहर्रम के नौहे (नौहा संकलन-उर्दू में) 2022

7-मुहम्मदाबाद के रत्न (ज़ेरे तरतीब)

सम्पादक

त्रैमासिक 'ख़याले-शगुफ़्ता' 2010 से 2013 तक (कुल 13 अंक)
उप सम्पादक- त्रैमासिक 'कृष्ण-साक्षी' 2010 से 2012 तक

सम्मान

1-साहित्याराधन सम्मान (भारतीय परिषद प्रयाग)

2-सारस्वत सम्मान (हिंदी साहित्य सम्मेलन प्रयाग),

3-भारती सम्मान (मिलकूल प्रयाग)

4-काव्य कुमुद (संत साधना समिति बलिया),

5-श्री हरि ठाकुर स्मृति सम्मान (पुष्पगंधा प्रकाशन छत्तीस गढ़),

6-मुक्तिबोध पारितोषिक प्रशस्ति पत्र (परसा ग़ाज़ीपुर)

7-शाने अदब (आल इण्डिया बज़्मे सईद झाबुआ),

8-अदब नवाज़ (ख़ामोश अकादमी यूसुफ़पुर),

9-अकबर इलाहाबादी सम्मान (गुफ़्तगू -प्रयागराज),

10-अज़ीज़ ग़ाज़ीपुरी सम्मान (महबूब अकादमी यूसुफ़पुर),

सम्पर्क

यूसुफ़पुर मुहम्मदाबाद, ज़िला-ग़ाज़ीपुर उत्तर प्रदेश 233227

मोब.-766 875 6588

ईमेल- ahmedaasee786@gmail.com